陳布雷從政日記

（1938）

The Official Diaries of Chen Pu-lei, 1938

民國日記 ｜ 總序

呂芳上
民國歷史文化學社社長

　　人是歷史的主體，人性是歷史的內涵。「人事有代
謝，往來成古今」（孟浩然），瞭解活生生的「人」，才
較能掌握歷史的真相；愈是貼近「人性」的思考，才愈能
體會歷史的本質。近代歷史的特色之一是資料閎富而駁
雜，由當事人主導、製作而形成的資料，以自傳、回憶
錄、口述訪問及日記最為重要，其中日記的完成最即時，
描述較能顯現內在的幽微，最受史家重視。

　　日記本是個人記述每天所見聞、所感思、所作為有
選擇的紀錄，雖不必能反映史事整體或各個部分的所有細
節，但可以掌握史實發展的一定脈絡。尤其個人日記一方
面透露個人單獨親歷之事，補足歷史原貌的闕漏；一方面
個人隨時勢變化呈現出不同的心路歷程，對同一史事發為
不同的看法和感受，往往會豐富了歷史內容。

　　中國從宋代以後，開始有更多的讀書人有寫日記的
習慣，到近代更是蔚然成風，於是利用日記史料作歷史

研究成了近代史學的一大特色。本來不同的史料，各有不同的性質，日記記述形式不一，有的像流水帳，有的生動引人。日記的共同主要特質是自我（self）與私密（privacy），史家是史事的「局外人」，不只注意史實的追尋，更有興趣瞭解歷史如何被體驗和講述，這時對「局內人」所思、所行的掌握和體會，日記便成了十分關鍵的材料。傾聽歷史的聲音，重要的是能聽到「原音」，而非「變音」，日記應屬原音，故價值高。1970 年代，在後現代理論影響下，檢驗史料的潛在偏見，成為時尚。論者以為即使親筆日記、函札，亦不必全屬真實。實者，日記記錄可能有偏差，一來自時代政治與社會的制約和氛圍，有清一代文網太密，使讀書人有口難言，或心中自我約束太過。顏李學派李塨死前日記每月後書寫「小心翼翼，俱以終始」八字，心所謂為危，這樣的日記記錄，難暢所欲言，可以想見。二來自人性的弱點，除了「記主」可能自我「美化拔高」之外，主觀、偏私、急功好利、現實等，有意無心的記述或失實、或迴避，例如「胡適日記」於關鍵時刻，不無避實就虛，語焉不詳之處；「閻錫山日記」滿口禮義道德，使用價值略幾近於零，難免令人失望。三來自旁人過度用心的整理、剪裁、甚至「消音」，如「陳誠日記」、「胡宗南日記」，均不免有斧鑿痕跡，不論立意多麼良善，都會是史學研究上難以彌補的損失。史料之於歷史研究，一如「盡信書不如無書」的話語，對證、勘比是個基本功。或謂使用材料多方查證，有如老吏斷獄、

法官斷案，取證求其多，追根究柢求其細，庶幾還原案貌，以證據下法理註腳，盡力讓歷史真相水落可石出。是故不同史料對同一史事，記述會有異同，同者互證，異者互勘，於是能逼近史實。而勘比、互證之中，以日記比證日記，或以他人日記，證人物所思所行，亦不失為一良法。

從日記的內容、特質看，研究日記的學者鄒振環，曾將日記概分為記事備忘、工作、學術考據、宗教人生、游歷探險、使行、志感抒情、文藝、戰難、科學、家庭婦女、學生、囚亡、外人在華日記等十四種。事實上，多半的日記是複合型的，柳貽徵說：「國史有日歷，私家有日記，一也。日歷詳一國之事，舉其大而略其細；日記則洪纖必包，無定格，而一身、一家、一地、一國之真史具焉，讀之視日歷有味，且有補於史學。」近代人物如胡適、吳宓、顧頡剛的大部頭日記，大約可被歸為「學人日記」，余英時翻讀《顧頡剛日記》後說，藉日記以窺測顧的內心世界，發現其事業心竟在求知慾上，1930 年代後，顧更接近的是流轉於學、政、商三界的「社會活動家」，在謹厚恂恂君子後邊，還擁有激盪以至浪漫的情感世界。於是活生生多面向的人，因此呈現出來，日記的作用可見。

晚清民國，相對於昔時，是日記留存、出版較多的時期，這可能與識字率提升、媒體、出版事業發達相關。過去日記的面世，撰著人多半是時代舞台上的要角，他們

的言行、舉動,動見觀瞻,當然不容小覷。但,相對的芸芸眾生,識字或不識字的「小人物」們,在正史中往往是無名英雄,甚至於是「失蹤者」,他們如何參與近代國家的構建,如何共同締造新社會,不應該被埋沒、被忽略。近代中國中西交會、內外戰事頻仍,傳統走向現代,社會矛盾叢生,如何豐富歷史內涵,需要傾聽社會各階層的「原聲」來補足,更寬闊的歷史視野,需要眾人的紀錄來拓展。開放檔案,公布公家、私人資料,這是近代史學界的迫切期待,也是「民國歷史文化學社」大力倡議出版日記叢書的緣由。

導言

劉維開
國立政治大學歷史學系教授

一

陳布雷（1890年11月15日－1948年11月13日），
浙江慈谿人，原名訓恩，字彥及，筆名布雷、畏壘。早年
為記者，之後從政，歷任國民政府軍事委員會侍從室第二
處主任、國防最高委員會副秘書長、中國國民黨中央政治
委員會秘書長等職，是蔣中正在大陸時期最倚重的幕僚，
信任之專，難有相比者。從政日記，開始於1935年3月1
日，終止於1948年11月11日逝世前夕，前後十三年又八
個月。事實上，在此之前亦有日記，1935年10月12日，
陳氏曾「整理舊篋，得民國十一年之舊日記三冊，重讀一
過，頗多可回味之處。」然這部份的日記至今並未得見，
僅能於其《回憶錄》了解一二。

二

關於《陳布雷從政日記》的流傳經過，陳氏八弟
陳叔同應《傳記文學》社長劉紹唐之邀，撰〈關於陳布雷

日記及其他〉（《傳記文學》第55卷第5期，1989年11月）一文說明。根據陳叔同的記述，陳布雷逝世後，家屬曾將其於1936年及1940年所撰寫之《回憶錄》，即出生至五十歲止之求學與工作經歷，以原始親筆墨蹟於1949年初出版。「不久時局危殆，政府各機關紛紛撤離大陸，正當上海行將淪陷之際，又匆匆將布雷先生自民國二十四年一月起至三十七年十一月十二日其逝世前夕止的親筆日記，全部以拍照縮製卅五米厘微膠卷，裝置小盒，由大陸帶出，分藏於美、臺各家人手中；而日記原稿數十冊，仍留置上海無法運走。」「日記原稿，為毛筆字書寫之十行紙簿本，整十三年之日記，多達數十冊，約五百七十萬字。經製作微膠卷，重僅三百公克，雖當時製作微膠卷技術，遠不如今日，但能安全攜出布雷先生日記於自由地區，實為一大幸事。」日記膠卷攜出後，陳氏家屬一直未作任何處理，至1961年間，臺北方面家屬考慮日記閱讀方便，並能妥善保存，認為似宜設法排印，乃先將每一膠片沖印為5乘7英吋照片，達可直接目視閱讀之程度，以利排版，復由陳布雷六弟陳訓悆於《香港時報》社長任內，在香港排印三十部，每部五冊。

　　陳布雷日記之排印本，起自1935年3月1日。先是陳氏於1934年5月受蔣中正延攬，任軍事委員會委員長南昌行營設計委員會主任。1935年2月，蔣氏修改侍從室組織，分設一、二兩處，以陳氏為侍從室第二處主任兼第五組組長。3月1日，軍事委員會委員長武昌行營成立，陳

氏參加成立典禮，並於是日起始為日記，謂：「自三月起
始為日記，自是日日為之，未嘗中輟焉」。日記結束於
1948年11月11日，為逝世前二日，時任中國國民黨中央
政治委員會秘書長。因日記所涉時間，為陳氏從事政務階
段，家屬乃將其題名為「陳布雷先生從政日記」。復以
「布雷先生從事黨政工作數十年，雖無顯赫官位，但大部
時間，均為輔佐決策當局，暨任總裁文字之役，其內容多
涉當時決策及中樞官員，我家人亦深知布雷先生日記之發
表殊非所宜」（陳叔同文），因此於題名加「稿樣」兩
字，為「陳布雷先生從政日記稿樣」，表示僅為樣書並非
正式出版品，由居住在大陸以外地區之家屬各自保存，作
為紀念。2016年1月，美國史丹福大學胡佛檔案館宣布由
陳布雷侄兒陳迪捐贈的陳布雷日記將完整對外公開。陳迪
為陳訓悆長子，因陳布雷日記原件目前藏在南京的中國第
二歷史檔案館，該日記應為當年排印《陳布雷先生從政日
記稿樣》之依據。

三

　　《陳布雷先生從政日記稿樣》完成後，並未對外界
透露，僅由陳訓悆檢送一套呈報蔣中正鑒核。至1988年
2月，南京中國第二歷史檔案館出版的《民國檔案》刊登
〈陳布雷日記選－1936年1月－2月〉，首度揭露陳布雷
有日記存世。次（1989）年底，臺北《傳記文學》轉載

〈陳布雷日記選－1936年1月－2月〉，同時發表前述陳
叔同撰寫之〈關於陳布雷日記及其他〉一文，外界始知除
日記外，尚有日記排印本由家屬保管。

　　對於《民國檔案》及《傳記文學》刊登陳氏日記一
事，陳叔同於該文中表示「時至今日，此一四十年前涉及
政務黨務之私人日記，早因時移世遷，當事人十九亡故，
再無密而不宣之必要」，但為避免日記出現刪節或斷章取
義等問題，「亟願布雷先生日記持有人，能儘早主動予以
公開發表，以減少其被竄改與造謠欺世之機會」。《傳記
文學》社長劉紹唐亦於該文文末「編者按」中，表示：
「本刊正試洽此一日記稿本交由本刊連載之可能性」，然
似乎未有結果。2002年9月，陳氏長孫陳師孟出任總統府
秘書長後，將《陳布雷先生從政日記稿樣》全套五冊捐贈
國史館典藏，並同意提供研究者參閱。此後，陳布雷日
記排印本正式對外公開，研究者得以參閱，撰寫相關主
題。其中東海大學歷史研究所沈建億在呂芳上教授指導
下，完成碩士論文《蔣介石的幕僚長：陳布雷與民國政治
（1927-1948）》，為日記公開後，第一篇以陳布雷為主
題進行研究之學術論文，內容嚴謹，頗受外界好評。

　　留置在上海之陳布雷日記原稿，據復旦大學歷史文
獻學博士鞠北平在其學位論文《陳布雷文獻資料研究——
從議政到從政》中敘述，文化大革命時被抄家抄走，後來
輾轉流傳到了上海市檔案館。文化大革命結束後，上海市
檔案館將日記歸還家屬，家屬復將日記原件捐獻南京中

國第二歷史檔案館。該館於1988年在《民國檔案》第一
期上，選刊1936年1至2月日記的內容，之後未再繼續，
原件迄今未對外公開。目前大陸方面有兩個日記版本曾
經為研究者運用。一是由陳布雷二子陳過保存之《畏壘室
日記》影印件，該件據《陳布雷大傳》作者王泰棟轉述陳
過說明，乃因日記原稿委託中國歷史第二檔案館保管，該
館依例複印三套給家屬，此為其中一套，共二十九本，自
1935年2月至1948年11月11日，缺1941年上半年一本。
王泰棟撰寫《陳布雷大傳》、《陳布雷日記解讀——找尋
真實的陳布雷》及寧波大學戴光中撰〈從陳布雷日記看其
晚年心態〉等，乃依照此版本。一是上海市檔案館之抄寫
本，該館將日記原稿歸還陳布雷家屬時，曾經留下了複印
本，爾後由複印本衍生出抄寫本。鞠北平撰寫博士論文時
所參考陳氏日記，即是其導師、上海市檔案館研究館員
馮紹霆提供的抄寫本。抄寫本的內容從1935年3月1日到
1948年6月30日，缺少最後四個半月。

四

　　日記是研究歷史人物的重要素材，不僅可以研究傳
主一生經歷與思想，同時也可以研究與其相關人物之生平
與思想。陳布雷日記每日以敘事性方式記錄，自起床至就
寢，整日的工作情況，時間、地點、人物相當明確，內容
包括處理公務、會客、出訪、談話等，簡要翔實，1935

年、1936 年日記並有摘錄各方呈送報告內容，實際上就
是他的工作日誌。1935 年，陳氏曾隨蔣氏至四川、貴
州、雲南等地巡視，對於地方政情及風俗民情多有記錄，
可作為抗戰前中央對於西南地區理解之參考。

　　陳氏亦於日記中記錄其自我檢討或對人事之個人意
見，為理解其心態之重要參考。如1935 年7 月27 日，陳
氏以長篇文字反省其短處，列出八項缺點，以及四項「急
救之道」與應學習對象，曰：「今晨澈底自省余之短處，
不一而足，憤世太深而不能逃世，此一病也。自待甚高，
而自修不足，此二病也。既否定自身之能力，而求全好勝
名心未除此三病也。憤激之餘，流於冷漠，對人對己均提
不起熱情，甚至事務頹弛，酬應都廢，而託於淡泊以自解
此四病也。對舊友新交，親疏冷暖，往往過當，有時興酣
耳熱，則作交淺言深之箴規，無益於人，徒滋背憎此五病
也。對於後進祇知獎掖，不知訓練，又不知保持分際之重
要，對於部屬，祇知涉以情感，不知繩以紀律，此六病
也。對於公務，不知迅速處理，又不能適當支配，遲迴審
顧，遂多擱置，此七病也。手頭事務不能隨到輒了，而心
頭時常牽憶不已，徒擾神思，益減興趣，此八病也。受病
已深，袪之不易。但既不能逃世長往，則悠悠忽忽，如何
其可。急救之道宜從簡易入手。一、戒遲眠；二、戒多
言；三、勿求全；四、勿擱置太久。（五日一檢查）其在
積極方面：安詳豁達，宜學幾分大哥之長處；熱情周至，
宜學幾分四弟之長處；處事有條理宜學幾分黎叔之長處；

交友處世，不脫不黏，宜學幾分佛海之長處；循此行之，庶寡尤悔乎。」在1935年11月中國國民黨五全大會之後，陳氏深感體力心力交疲，兼以黨政機構改組以後，人事接洽，甚感紛紜，乃向蔣氏請准病假一月，杭州養病。在此期間，陳氏對於自身精神狀況多有檢討，如12月20日記道：「自念數年來所更歷之事，對余之志趣無一脗合、表面上雖強自支持，而實際無一事發於自己之志願。牽於情感，俯仰因人。既不能逃世長往，又不能自伸己意。至于體認事理，則不肯含胡，對於責任又過分重視。體弱志強心羸力絀。積種種矛盾痛苦之煎迫，自民十六年至今，煩紆抑鬱，無日而舒，瀕於狂者屢矣。每念人生唯狂易之疾為最不幸，故常於疾發之際，強自克制，俾心性得以調和。亦賴友朋相諒，遇繁憂錯亂之時，往往許以休息，然內心痛苦，則與日俱深。頗思就所經歷摹寫心理變遷之階段，詳其曲折，敘其因由，名曰『將狂』，作雜感式之紀述，或亦足供研究心理變態者之參考也。」

　　陳布雷交遊甚廣，在日記中留下了大量的交往記錄，大體而言，可以分為幾個部分：家人、早年就讀浙江高等學校的同學、任教寧波效實中學之同事、新聞圈友人、侍從室同僚、中央及地方黨政人士等，其中尤以最後兩部分在日記所佔分量最多，有時亦會記下對人的品評或個人感想，頗具參考價值。如1936年10月26日，聞湖北省政府主席楊永泰於前一日在漢口碼頭遇刺身亡，記道：「暢卿為人自負太高，言論行動易開罪於人，一般對之毀

譽不一，然其負責之勇，任事之勤，求之近日從政人員中
亦不可多得。竟死非命，至足惜也。」陳氏與楊永泰共事
頗久，此段評論，當為近身觀察所得，可為理解楊氏行事
之參考。再如1936年12月7日，陳氏閱報知黃郛因肝癌
病逝，記道：「黃氏智慮周敏，富於肆應之才，然兩次當
外交之衝，均蒙惡名以去，病中鬱鬱，聞頗不能自解，竟
以隕身，亦時代之犧牲者。」此段記述對於理解黃郛，乃
至黃氏與蔣中正關係之變化，提供了若干訊息。

　　另一方面，陳氏作為蔣中正之重要幕僚，除代擬文
稿、參與會議外，日常與蔣氏接觸頻繁，亦常奉指示，就
重要決策徵詢黨政相關人士意見，這些過程往往記錄於日
記，提供理解蔣氏之側面資料。如1936年5月，陳氏隨侍
蔣氏自廬山返京，於九江搭艦至蕪湖，途中與蔣氏作三十
分鐘之談話，詳述其對於國事之觀察及自身心理煩悶之由
來，蔣氏勸其注意身體，以和而不同為立身之準則，記
道：「委員長謂：種種消極悲觀，多由身體衰弱而起，宜
節勞攝生，對人對事則仍須保持獨立之見解，以和而不同
為立身之準則可耳。」（5月4日）是年9月，成都事件、
北海事件相繼發生，中、日兩國緊張情勢升高，蔣氏時在
廣州，各方催促其返回南京之電報不斷，陳氏於23日記
道：「行政院各部會長昨聯電促委員長歸京，今日孔副院
長亦來電請歸京主持，均奉批『閱』字，但對余言：此間
事畢，則歸京耳。」復記：「晚餐畢，委員長來侍從室，
命予同往散步。旋同至官邸，侍談甚久。見委員長從容鎮

定，對國內政治等仍從容處理。略談外交形勢，亦不如京中諸人之憂急無措，但微窺其意，當亦以大計無可諮商為苦。」再如1948 年4 月，中國國民黨六屆臨時中全會堅持欲推蔣中正為行憲第一任總統候選入，與蔣氏原意不合，6 日晚，蔣氏與陳談話一小時餘，談話內容如何，不得而知，但陳氏於次（7）日日記記錄對蔣談話之感想，曰：「追繹委座昨日之談話，知其對中樞散漫情形甚關懷念，然積習相沿，遺因已久，蓋在第四次代表大會時始矣。今日欲圖補救，確非重振綱紀不可。此決非另起爐灶之謂，實應痛下決心，由中樞諸人衷心懺悔，改革制度，改革作風，刷新人事，多用少壯幹部。而任用幹部，則以公誠與能力為第一標準，如此一新耳目，庶克有濟。今日領袖不能再客氣姑息，黨員不能再諉過塞責了事，非一新耳目，不足以使本黨存在，以號召國人。然環顧黨中能自反自訟者寥若晨星，新幹部亦未作適當之培養，念之殊為憂心悄悄也。」4 月12 日，蔣氏主持總理紀念週講話，內容關係黨紀黨德及對部分國大代表主張修憲之意見，次日《中央日報》僅有六行的篇幅報導。陳氏則於日記記錄蔣講話重點：「注重黨德，遵守黨紀，決不可以私害公，亦不可對外自損黨的信譽。現值非常時期，應知國恥重疊，國難嚴重，切不可議論紛紜，使大會曠日持久，遷延時日。要知拖延大會日期，使吾人不能專心努力於戡亂，正為共產黨所求之不得者。至於憲法未始不可修改，然此次以不修改為宜，即或顧及戡亂時期之臨時需要，亦應以其他方法求

變通之道。關於擴大國民大會職權及設置常設委員會，萬不可行。至戡亂完畢時，自可召集第二次大會。」對於探討蔣氏之心態，具有相當參考價值。

　　陳氏於1948年11月13日去世，1948年為其最後一年日記，而該年亦是中華民國實施憲政的第一年。行憲伊始，對於政府而言，各種問題，紛至沓來，陳氏周旋其間，精神負擔沉重，對黨內諸多現象，憂心不已，於日記中多有反映，深感「黨內情形複雜，黨紀鬆弛，人自為謀，不相統屬」，（5月5日）藉由其日記所記，不僅可以揣度陳氏在這一年之心境轉折，亦可知除軍事之外，政府與蔣中正在政治上所面臨的困境，對於1949年大變局，能有更深一層的理解。

　　《陳布雷先生從政日記稿樣》自史政機構對外公開後，數十年來已廣為學者參閱，相關研究著作陸續出現。然《陳布雷先生從政日記稿樣》原意並非提供研究之用，閱讀上仍有不便。今民國歷史文化學社以該書為基礎，重予校對排印，公開出版，以期為民國史研究者提供重要參考資料。此不僅對國民政府、軍委會內部運作之研究、對蔣中正研究，以及民國史相關研究，均具重要意義。對陳布雷個人，其文字造詣深，忠勤任事，而生活淡泊，日記記事更給予後人諸多啟示。

編輯凡例

一、本套日記為原東南印務出版社編印，但最終並未發行之《陳布雷先生從政日記稿樣》，自1935年3月1日起，至1948年11月11日止。

二、本套日記依原東南印務出版社編印之版本，重新以橫式排版，與原書排版方式不盡相同。

三、古字、罕用字、簡字、通同字，在不影響文意下，改以現行字標示；原手民誤植之處則直接修正，恕不一一標注。

四、部分內容為便利閱讀，特製成表格，並將中文數字改為阿拉伯數字。

目　錄

民國 27 年

　　此冊為余二十七年之生活紀錄。其時余腦病益深，時時失眠，時時於初醒時或臨睡時作囈語，又時時於夢中與人討論極複雜困難之問題，或處理極緊迫重要之事件，或起草極難動筆之文字，往往大叫頭痛而醒，醒而思之，並無此事，並不需作此文，在夢中則迫促嚴重極矣。如是幾日以為常，余之神經受傷如此深重，一時又決無法脫離工作（蓋義不可，情理亦不可），天天感到責任未盡，應見應訪之賓客，均不及見不及訪；應做之工作，未做完未做好；對僚屬不能督促，不能安排；對介公未盡輔佐之職務，如其所想像希望於余者；因之靈魂不安，心理苦痛。長此以往，必成狂易之疾無疑。此種致病之原，皆因體力太壞，治事能力本差，又拙於肆應，怯於交際，心太切直，習慣太隨便，看事太認真，忍耐力與豁達大度均不夠，如此而置之於政治紛擾之場，憂患叢集之地，幾何其不左支右絀如坐針氈。針氈者，一日不得安者也。一日猶然，況十年乎。後之覽者，庶知而哀之。（2月26日記）

1月1日　元旦　星期六　晴暖

　　晨七時卅分起。紅日滿窗，陽光煦麗，沉鬱情懷為之一振，即覺宿疾頓輕，齒患亦止。願自茲微軀漸健，堪勝行旅奔走之勞。並願心志日趨堅定，稍盡區區之力，以贖已往蹉跎于萬一也。盥洗畢，即赴官邸與諸同事同謁委員長，行賀歲之禮。聞委員長今日五時許即起，憂勤惕

勵，以率僚屬，知其感慨邃深矣。旋孔副院長、張秘書長、何部長等均來謁，九時至省府禮堂行團拜禮，到文武僚屬二百餘人。汪、閻、馮諸先生均親到，委員長主席，訓話歷半小時，諄諄以堅定信念努力所職為勗。十時禮畢，與諸友人握手相互致禮。旋約力子、顯光偕至官邸談話。委員長與汪、孔、張等討論政治、外交要案，至十二時始畢，乃歸寓午餐。八妹夫婦率甥女渡江來訪，談家事。三時送之過江，順便至岳軍家，商軍委會以後辦公手續。四時到延慶里與佛海、力子、公弢諸君談敘，即在彼處晚餐，飲酒二杯。夜十時偕公弢回武昌。談至十二時三十分寢。

1月2日　星期日　陰

七時卅分起。昨晚睡甚酣，而時間不足，擬漸改遲起習慣，故日出後即起身，取時計視之，乃知日出已為七時矣。九時何雪竹主席來訪，談鄂省府近狀及合署辦公之利弊，主張于非常時期停止合署。雪公並有退意，懇切勸解，並以昨日送來辭呈請其收回，承卒允所請，殊感之也。午餐後公弢去，甚疲，小睡至三時起。希孔、道藩二兄來訪，四時往官邸，何部長來邸談卅分鐘。五時卅分謁委員長，報告鄂省府事解決要點。夜核文電十四、五件，寄果夫函。十時卅分寢。

1月3日　星期一　陰

七時卅分起。八時卅分渡江至中央銀行參加第四十次常會，顧大使有長電來，剖析國外情形，斷言國際形勢無可利賴，謂德、意勸我和平，英、蘇勗我抗戰，均是各為其私，其言極沉痛。席上交換關於外交意見甚多，無結論。十一時到銀行公會謁閻百川先生，談約四十分鐘而別。至秘書廳小坐，與君強略談，即至福煦路三號范紹陔宅，與佛兄、芷町、君強談秘書廳結束後處理公務之辦法，至四時始散。到八妹家小坐，彼等即有粵行也。五時歸武昌寓。六時應召往謁委員長，改擬文字及綱領，並垂詢數事。退與慕尹談卅分鐘，夜傷風甚劇，咳嗽多痰，且有頭痛。七時學素談大局無好懷。十時洗浴就寢。

1月4日　星期二　晴

七時卅分起。接積祚來函，知北碚房屋已覓得金佛路，正在裝修，家人等定六日遷住。又接春藻來函，知泉兒亦到渝矣。核辦文電十餘件，甚費腦力。閱情報七、八件，精力大感疲頓，咳嗽又作。午餐後小睡，聞警報，敵機二十七架自羅田、黃岡飛來，有廿一架入武漢上空，在漢口投彈多枚，約四十分鐘始去。次行來商自身職業及家屬行止，最後決定先送眷屬赴廣州。次行去後，乃著手修改告青年書，加入一段，至夜九時始畢事。發私函數緘。牙痛大作。十二時寢。

1月5日　星期三　晴

　　八時卅分起。以昨夜牙痛大作，精神疲萎，故又晏起。閱情報數件，知敵大本營又增派第十師團來華，擬急進隴海窺平漢線云。今日心思殊散漫不定，以軍委會組織變更，此後處理事務殊有不相銜接之可能，擬考慮一補救辦法，顧良久不得結果。人事之牽掣，人材之缺乏，均屬抗戰期中之阻礙也。力子先生來訪，略談而去。午後待立夫，許久不至。小睡一時起，覺週身發冷。夜核辦文電十件。佛海、希聖兩兄來談甚久。十一時卅分寢。

1月6日　星期四　陰

　　八時起。今日天氣陰沉有風，頗覺寒不可耐，蓋傷風未痊癒也。在寓靜坐，思軍委會改組後辦事之不相連貫處正多，苦思補救之術而不可得。閱情報七、八件，擇要摘呈之。向午馬蔭良君來談申報移漢出版事。知都良留滬不果來，仲持去香港云云。旋力子來談，聞空襲警報，敵機五十架襲武漢，在兩處機場投彈多枚，約一小時始去。二時午餐，三時休息至四時醒。往謁委員長，呈報告三件。羅志希來談。夜作私函數緘。十二時寢。

1月7日　星期五　晴

　　八時起。九時渡江赴漢口，參加第四十一次常會，討論委員會組織大綱甚久。聽取外交、軍事報告後，予以事先退。與徐可亭次長接洽財政。事畢即返武昌，到官

邸，與立夫、健羣、兆民諸人同入謁，即在官邸午餐。午
後二時卅分歸寓小憩，至四時醒。狄君武來談，以與汪先
生不合，擬辭政會秘書，即晚去長沙，就余話別。談及
十二年來服務之苦辛，異常悲感，竭力慰藉之，並贈資以
壯其行。六時卅分承召往官邸，報告近日接洽各事，並陳
述對軍會組織之意見。夜蔡孟堅兄來談。核辦文電七、八
件。與佛海通話。十二時寢。

1月8日　星期六　陰

八時起。核辦文電八件。接岳軍電話，囑到漢一次，
以上午不閒辭得之。十一時聞岳軍來官邸，遂往官邸同見
委員長談參事室之組織。十二時與岳軍同至慕尹寓中午
餐，餐畢談至二時卅分。岳軍又至余處詳談。三時卅分騮
先來訪，彼甫於昨日由南昌抵漢也。四時以有事與孔院長
接洽，偕岳軍渡江同往訪之。委員長擬以荻浪任政院秘
書，孔允照委。六時出，往訪力子於延慶路，公弢等留晚
餐，雁賓來談甚久。夜宿電話局。十一時卅分寢。

1月9日　星期日　晴

八時卅分起。九時到金城銀行訪何淬廉，談經濟部
及農本局各事。旋訪騮先未遇。與魏伯聰君在德明飯店客
室晤談卅分鐘。即往訪高宗武司長。旋佛海亦來，十一時
到江漢工程局視芷町，值外出，即渡江到武昌。入謁委員
長，承命應約岳軍、作孚、淬廉、騮先、希聖研究經濟方

案云。退與辭修談，一時回寓午餐。午後陶百川、方希孔來談，四時偕希孔同謁委員長，六時歸寓。秋陽來談。夜核辦文電十餘件，甚費力，十二時寢。

1月10日　星期一　晴

八時起。渡江到漢口參加第四十二次常會，討論對德使答覆之要旨。結果以「過于廣泛，且與歷次宣稱不符，俟詳細說明後始能表示意見」，等語答覆之。十一時卅分到德明飯店，約驪先過武昌，到官邸同謁委員長。即在官邸午餐（西安殉難人員特別撫卹金與慕尹商定，分配數由蔣夫人決定）。餐畢與岳軍、驪先商參事室組織。三時卅分到南湖機場，旋即歸寓。招荻浪來談，告以調往行政院秘書之經過。荻浪去後小睡。公弢來武昌視余，晚餐後同過江訪德之表哥於京漢旅館，別已八年矣。訪周惺甫先生未遇，過鶴皋家小坐，晤力子，夜宿電話局。

1月11日　星期二　陰

八時卅分起。到德明飯店訪友未遇。九時卅分到揚子江飯店訪周惺甫（鍾嶽）老先生代委員長致歉，請其留漢盤桓幾日，兼談滇省近況，至十時卅分辭出。聞警報，路上擁擠不堪，擬赴黃陂路不可通行，乃至福煦路范紹陵寓，與佛海兄商侍從室事，即在彼處午餐。午後約芷町、君強來商秘書廳結束及侍從室諸事，擬約芷町任第四組組長。旋思平、公弢來談，晚餐後約德兄到電話局，詳談後

情況。十一時別去。即寢。

1月12日　星期三　陰晴

八時卅分起。到德明飯店訪騮先，請其早日擬定參
事室之組織與人選，兼談財政、金融等諸問題。十時到法
租界八大家五號訪王雪艇部長，轉致委員長意，請其以後
對于外交、法制等隨時獻替協助，雪艇為余談駐美使館情
形。今日之事真所謂怠者、忌者併為一事，已不能修，亦
畏人修也。胡適之等在美京幾不可一日居，只得避紐約。
十二時渡江歸武昌。午後荻浪來談。核辦文電十六件。覆
私函四緘，直至夜九時始畢。與學素談近事。十二時寢。

1月13日　星期四　晴

八時起。閱經國兄所著「歐游十三年」一書，體例
新穎，蓋每年均選擇一日之日記彙拼而成者，其生活豐
富，經歷艱困不一，而始終樂觀，足證其意志之堅定。文
字亦流利暢達，殊為佳著。核辦文電六、七件。午後小睡
醒，周惺甫先生偕邱開基君來答訪，談滇軍各事，並詢國
際形勢，談卅分鐘去。旋徐次宸、周枚蓀先後來訪。五時
偕枚蓀渡江赴漢口，送彼回寓後，余即至普海春參加煜發
甥之婚禮。女宅為青浦章姓，德哥之同事。晤君誨先生及
曼祉、萬儀諸君，又同鄉多人。婚筵十席，男女宅合併，
甚熱鬧。八時卅分回電話局，訪徐可澄君談話，又往訪賀
貴嚴談，至十二時歸。公弢來長談。一時寢。

1月14日　星期五　陰晴

八時卅分起。九時到中央銀行參加第四十三次常會。王外長報告德使轉來消息，知敵方以十五日為限期，欲脅我屈服。席間汪、孔、張發言甚多，汪所言大意可以「戰無把握和無保障」（即謂敵方不守信義且貪慾無饜）八字概括之。並討論其他例案多件，一時始散會。到力子先生寓中小坐，即在彼處午餐。力子寓孫越崎家，孫為工業及經濟學者，適外出未晤談。二時卅分到電話局休息。五時渡江返武昌。夜核辦文電六、七件，發私函二緘。十二時寢。

1月15日　星期六　陰

晨七時起。聞空襲警報，知敵機四十餘架由桐城、霍山西飛，但未入武漢，八時五十分解除警報。十時警報又作，敵機飛孝感投彈多枚，陽新亦有敵機出沒。十一時警報解除，倦甚小睡。午餐後有寒熱，臥床休息至四時起。荻浪、秋陽先後來談，荻浪已奉到任命令，任行政院秘書，秋陽擬返滬營商業。六時偕秋陽渡江到漢口，應賀貴嚴之約，到冠生園晚餐。到周惺甫、李印泉、盧永衡（六十軍長）、李元凱（字建德，滇人，貴嚴之參謀）及魏伯聰、楊嘯天諸君。八時五十分散，到岳軍寓談話，頌皋亦來談。旋訪天孫。十一時回電話局宿。

1月16日　星期日　晴

八時卅分起。約明鎬來談未到，獨坐電話局內，甚感無聊。此為二十四年舊居之地，然今年來此，則情緒大不同也。十時到首善里訪周佩箴先生，略談即過江回武昌。閱情報多件。辦發文電十餘件，待留呈。午餐後甚感鬱悶，忽忽不樂。小睡起，荻浪來談，又榮秘書、李秘書來談，均足使余增加煩悶。五時渡江至江漢工程局，參加軍委會秘書廳召集之結束會議，七時散會。立夫為我詳述其改進教育之新猷。八時君強約同晚餐於摩登餐室。九時理髮。十時歸寓，秋陽來談。十一時卅分寢。

1月17日　星期一　雨

八時卅分起。到中央銀行參加第四十四次常會，王外長報告許大使來電多件。敵方聲明書昨午發表，大致謂日政府於南京失陷後與國府以最後反省機會，迄今國府不解日本真意，仍策動抗戰，內不恤人民之塗炭，外不顧東亞之和平，因此日本政府今後不以國民政府為對手，期待真能與日提攜之新政府之成立與發展，與之調整兩國國交，並協力建設更生之新中國。日政府尊重中國領土主權與列強在華權益之方針，毫無變更。現在日本對東亞和平之責任愈重，切望國民更為發奮，實行此項重大任務云。並聞敵已召回川越，通電各駐外使館，聲明與國府外交關係業已停止云。討論許久，決定由外交部起草一聲明書。又商討要案數起，一時五十分散。到岳軍家午餐，餐畢已

三時，回電話局小憩。四時卅分醒，往訪佛海未遇。到中英庚款會訪沙孟海，略談即別。六時歸武昌，核閱文電十四、五件，情報七件，至八時完畢。夜整理積件，九時渡江，往漢口與汪、孔、張、王、徐討論對日聲明書之內容，至十一時定稿，以長途電話詢洛陽、知慕尹已動身，遂不去電。歸寓繕之，一時卅分始入睡。

1月18日　星期二　陰

八時十分起。九時卅分渡江回武昌，以聲明書稿錄寄張秘書長，整理呈表，備委員長歸時呈閱。徐會計來談。十一時倦甚小憩。邵鶴亭君來談，願任教育方面及戰時訓練民眾工作。午後余以電話詢車站，知平漢專車須傍晚可到。核辦文電四、五件。發私函三緘。六時委員長自前方歸（十一日到汴轉洛視察，凡一星期），即往官邸晉謁。核定國府聲明書稿，以電話告徐次長發表之。張秘書來談甚久。九時卅分歸，十時五十分寢。

1月19日　星期三　雨

八時十分起。陳清忽患寒熱甚劇，臥床請假，至感不便。九時猶未生火，室內寒甚。核閱文電六、七件。十時卅分到官邸，呈請任命陳芷町為四組組長。十二時歸寓。芷町、伯鷹來談，午餐後去。芷町對四組人員均主照舊，唯請加委書記一人。午後季小波君來訪，學素代見之。核閱文件六、七件，情報七件，發私函兩緘，六時到

官邸招待賓客。今晚宴周惺甫、李印泉兩先生及盧軍長永
衡、一八二施師長安恩溥、一八三師師長高蘊華、滇辦事
處處長王吉甫，何部長、張秘書長均參加。八時餐畢。客
散與何、張及慕尹談戰局及川省事，至十時歸寓。啟天來
訪未晤也。十二時寢。

1 月 20 日　星期四　雪

　　晨八時起。天氣轉寒，雪花飄拂地方，積厚四寸
許，蓋昨晚即下雪矣。核閱本日文電訖，九時卅分到雙柏
廟景街訪陳啟天君。荒齋蕭索，閉戶著書，儼然一老儒
矣。殷殷詢余時局，留談一小時許，並出其所著韓非子集
釋就余商體例。十一時卅分歸，十二時應桂率真、蔡孟堅
二君之約到蔡宅午餐，到賀貴嚴、熊哲明、胡宗南、盧永
衡、曹浩森諸君。桂、胡二君前線作戰最著英勇，席間互
談經驗，深以教導總隊傷亡過重為痛惜也，三時歸寓小
憩，到官邸報告，承諭示對黨務及青年訓練諸要點，並談
文化宣傳工作。五時沙孟海來談，夜再謁委員長，命招待
滇來諸人。八時聞劉甫澄病逝，甚可惜。十一時卅分寢。

1 月 21 日　星期五　陰

　　八時十分起。九時渡江，到漢口訪問周惺甫先生，
談四十分鐘出。至中央銀行參加第四五次常會，岳軍因病
請假未到，王外長報告駐歐各使關於國聯諮詢會各國態度
之來電，繼討論例案三件。十一時先退，到佛兄處小坐，

即偕同渡江。午刻會餐於官邸，到力子、雪艇、騮先、希
聖等。委員長對宣傳及文化工作以及參事室組織多所指
示。餐畢，諸君均過余處小坐，談至三時卅分去。余再去
官邸，奉諭接待百川、開先諸君。旋孔、何等來談川事。
七時談話畢，岳軍留詳談，八時回寓。八弟自渝來。十一
時寢。

1月22日　星期六　晴

　　八時十五分起。往謁委員長，簽就致龍主席志舟函
件即歸寓。核閱文件，以將往送行客，故不及參加省府之
訓話（連日召團長以上聽訓）。十時到南湖機場送周惺甫
先生赴渝，到鳴濤、恢吾等多人，並晤鮮特生、王藝圃，
十一時握手道別，送周登程而後歸寓，午後立夫、騮先兩
君來談甚久。小睡起，經國兄來談，一種活潑精進氣象令
人感動，其見解亦多從實地經歷而來，有極精到處。唯對
于推動民眾之方法，則頗覺其觀點太偏，未能了解中國社
會問題之真相也。夜為委員長撰祭劉湘文，勉強學韵詩殊
苦。十二時卅分寢。

1月23日　星期日　晴暖

　　八時十分起。昨晚睡太遲，登床後未熟睡，晨起又
大感疲倦。八時五十分奉召往官邸同早餐，經國與焉。委
員長近日勵精圖治之意更切，命注意政治、經濟及黨務改
革，余深懼衰庸無以副其望也。九時卅分渡江至中行參加

中央三部工作之審查會，到汪、孔、居、于、立、修、屬
生、力子諸君，討論未畢，以劉甫澄大殮，偕力公同往行
禮。正午歸寓，接默十二號函及皋函，午後核辦文件，李
唯果秘書及梁仲霖秘書先後來談甚久。夜甚感不適。十一
時寢。

1 月 24 日　星期一　陰

七時卅分起。八時聞空襲警報，知敵機由桐城飛鄂
境，慕尹夫人等來此暫避，談重慶情形甚詳。十時得防空
部電話，知在宜昌投彈後折回，旋即解除警報。以積件甚
多，遂不及赴漢出席常會矣。今日文件甚雜，核閱甚費
力。午後二時到漢口訪騮先，談參事室之組織。三時出席
汪先生所召集之談話會，到十餘人，討論關於文化宣傳方
面之工作，決定組織一藝文編譯社，以希聖、佛海主其
事，六時散會。辭修約晚餐，不克赴約。到佛海家小坐，
旋即至岳軍家商洽秘書廳結束各事宜。食哈密瓜甚美。晚
餐後與岳軍談，至十一時回電話局。

1 月 25 日　星期二　晴

七時卅分起。八時卅分渡江返武昌，天忽大霧，約半
小時後晴霽，乃大溫暖。核辦文電二十八件，至十時五十
分畢事。到官邸謁委員長，商川省府人選，並請示藝文社
事。委員長以告青年書發下，命再增擬一段。十一時卅分
返寓，廖國麻君來談。旋唯果亦來談。午後小睡極酣。室

內溫度太暖，幾不能醒。四時卅分再至官邸，接待賓客，
晤作孚等多人。與騮先、岳軍同謁委員長，辦發撫慰劉湘
遺族之文件，七時歸寓。夜核閱文電十餘件。十一時寢。

1月26日　星期三　晴

八時起。九時卅分奉命往官邸見委座，有所指示，退
至辦公室，核閱抵禦外侮與復興民族之講稿，擬付發表，
至十二時改閱畢，即交蕭自誠。歸寓午餐，力子先生來
談。旋接電話，知楚傖自重慶來，並遣其子葉南來告。即
偕力子到味腴餐社訪之，同歸胭脂坪寓所，談黨政各事，
三時偕至官邸謁見。四時委員長約在武漢各中委茶話，到
五十六人，汪、孔、葉、劉健羣、谷正綱先後發表意見。
委員長有極沉痛之演說，期望鼓勵並至，七時散。送楚傖
至江邊，即回寓。夜洗澡。十一時寢。

1月27日　星期四　陰

八時十分起。寄八妹及允默（第十七號）各一函，
又寄皓兒贛州一函。自全家遷蜀以後，僅此兒在外讀書，
然其體格結實，想能耐一切勞苦也。八時四十分聞警報，
敵機十餘架飛入漢口投彈而去，十時解除警報。核閱文電
十餘件，學素來坐談半小時，報告武漢文化出版界之近
況。午後小睡起，梁仲栗來談，知即赴川任事矣。改正講
稿三十頁，未及畢事，奉召往官邸，力子先生同進謁。力
子擬就精神總動員一文，條理清晰，理論精警，王冠青君

之手筆也。委員長約岳軍談川事，至七時完畢，命擬通電稿，歸寓撰擬之。神思滯拙，至十二時始完稿。一時寢。

1月28日　星期五　陰、晨有微雪

四時醒，不能寐，起坐半小時，再睡至八時起。攜擬就之稿往官邸呈閱，旋奉命至機場約岳軍回。岳軍以家事，今日赴港，委員長以川中人心不定，恐滋謠諑，故勸止其行，岳軍初不可，強之乃留。到官邸後辦發處理川軍政之電稿二件，作孚、真吾均來謁委座。余先歸寓，覺疲甚小睡，十二時卅分始起，午餐已一時後矣。午後羅君強、潘伯鷹來訪。周枚蓀自湘來到寓相訪，談一小時。騮先先來商參事室事，同至官邸，六時卅分歸寓。疲甚發熱，不能支，十時就寢。

1月29日　星期六　雨

七時卅分醒，天色黯晦，再睡一小時起，覺精神較昨日爽健，可知余之身體工作力實有限度，欲保持作事效能，則工作宜簡，睡眠宜充也。昨晚睡後接馮煥章電話，竟不及接談，又開罪於人，如何！如何！九時卅分到官邸，十時汪先生及葉秘書長來謁委員長商黨務，旁聽焉。十一時卅分回寓，午餐後小睡卅分鐘。核改對前方將士訓話稿訖，即寄還自誠。蓋送來已五日矣。接允（廿七）電，知昨日移北碚，想渝市謠言必多也。午後張子羽兄來談甚久。旋高宗武君來談（唯果同來）。夜荻浪來談。又

與學素談話。至十一時寢。

1月30日　星期日　陰

晨八時起。今日為舊曆除夕，又是除舊布新之機
會，反省自身缺點，不可爬梳。尤以處事濡滯，為最大弊
病，應痛改之。十時到官邸，與慕尹主任等談公務，驤先
亦來。十一時委員長及果夫、健生、敬之、亮疇、力子、
厲生等會談黨務事宜，並約午餐。商談約二小時，決定三
月廿九日召集臨時代表大會。二時卅分歸寓小睡。四時
起，核閱文電二十餘件。五時到官邸謁委座，陳明體力不
支，請假休息三天，蒙允准焉。退歸，草擬電稿二則後即
過漢，到鶴兄家晚餐，食湯糰，今日為舊曆大除夕。夜宿
電話局。

1月31日　星期一

晨七時卅分起。起草覆川中各旅長電，九時卅分到
德明飯店與岳軍商酌之。岳軍為余述川中內情甚詳，並談
及彼自身之態度，先後談一小時餘（在客廳晤李潤章，久
不相晤，敘談久之）。十一時卅分返武昌，將前電酌改後
繕呈核定。草草午餐畢，小睡，竟沉睡不能醒，蓋爐火太
熾也。五時起，核閱文電廿餘件。晚餐後續閱至九時始畢
事。今日為廢曆元旦，自茲余乃為四十九歲矣。老之將
至，志業無稱，奈何！奈何！夜十一時寢。

2月1日 星期二 陰

晨八時起。蕭自誠來談，又送來講稿一篇，未暇閱也。今日陳芷町組長來就職，羅君強兄同來，與談公務處理之方法約二小時。四組書記依定額為三人，今又添陳仲佳一人，職務安排頗不易易。學素似感所處地位之困難，亦人情也。力子、若衡來，又守詒來訪，均午餐後去。午後小睡醒，公戕可澄伉儷來賀歲，猶循舊俗，懽談一小時餘而去。公戕擬五日去昆明矣。芷町來商公事訖，果夫先生來訪，談中政校有學潮及蘇省行政官吏遭壓迫事。七時去，使得進晚餐。夜秋陽來談，十一時始去。十二時寢。

2月2日 星期三 晴

晨九時起。昨晚服安眠藥，乃睡不甚酣，以談話太多也。起床後即聞警報，但不久即解除。核發文電四件，閱私函數件。駱美奐來訪，為閩省府扣押楊興勤事，為作一函，囑其往軍法執行部調詢之。葉家興來談，知大哥在張吳溪暫寓，不知現又何往矣。十二時到官邸謁委員長，攜回汪先生所擬提案審查人名單，即寄還汪先生。午餐後為公炎甥作介紹函，致宜昌史君。以公炎擬赴蜀求學也。小睡極酣，至三時卅分始醒。四時與芷町同往官邸謁委員長，晤雪竹、啟予兩君。五時卅分歸寓，馮潙舫、馬冠羣來談。夜王冠青君來談，以精神總動員改正稿交之。冠青供職宣傳部，文字極流暢，思想見解均佳，殊可慶也，力子先生亦常稱之，然今晚與之談，則似於名位得失之際猶

不能無介介。九時冠青去，十一時寢。

2月3日　星期四　陰

八時十分起。今日不知何故腦漲頭痛，骨節酸疼不
止，或係氣候陰沉潮濕之故也。閱講稿半篇，覺無心作
事。佛海過江來訪，談藝文研究會事及侍從室諸事。旋蕭
青萍君來訪，談國民黨之前途及中政校學生分發服務問
題。午餐後去。余今日勸佛兄積極作事，所言稍切直，不
知能無忤否。午後小睡起，往謁委員長，命物色一講學之
人。夜精神極不振，李唯果秘書來，與之長談，自政治、
經濟、黨務，無所不談，殊佩其辯才無礙。直至十二時
就寢。

2月4日　星期五　雪

八時起。到官邸謁委員長，以中常會秘書處決議文
（開臨時代表大會）請示，諭覆贊同。十時歸寓，核辦文
電十餘件。芷町以事請假，午後一時始來，與之接洽各件
後即匆匆過江。三時到一德街九號汪先生寓所，參加研究
設置民意機關投案之談話會。到亮疇、力子、雪艇、浩徐、
自明、道藩、健羣、佛海諸君，討論達三小時餘，決定在
非常時期應有國民參政會之組織，其詳待下週再談。六時
卅分散，下雪甚大，道路泥濘，不及過江。以佛兄之約，
到其寓坐談，並晚餐。余井塘兄堅辭湘民廳不願就，聞甚
煩悶也。夜訪鶴兄，並約秋陽來談。十二時寢。

2月5日　星期六　霽晴

八時卅分起。與八弟略談近事，並與竺副官接洽處務。九時到中央銀行參加第四十八次常會。王外長報告：美國傳英日妥協說甚盛，但郭大使探詢結果亦無根據。又報告國聯進行之最近狀況，並決定例案三件，十一時散會。偕力子先生同行過江，核發文電五件。午餐後小睡。三時余井塘兄來談，井塘新被任為湘民廳，力陳不能赴任之情形，蓋喪母以後，憂傷憔悴甚矣。五時到官邸，知今日約見各省教廳長，余來遲，乃不及參加談話也。向委員長請示數事後即返寓。辦文電十四件。夜往訪左舜生君於其寓，相值于途，偕至我寓談話，十時始去。

2月6日　星期日　陰

八時卅分起。連日工作忙碌，心神至不寧定。今日上午決計休息三小時，僅與學素等談話而已。十一時卅分到官邸，委員長今日約許大使、汪主席、劉大使、王外長等午餐，同往招待。午餐後，汪先生與委員長談黨務甚久。二時回寓小睡，三時卅分醒。陶希聖、葉溯中、劉百閔、童家聖諸兄來談甚久。六時卅分奉召往官邸，面授修改文字要點。囑複閱精神總動員綱領，乘便報告數事，即出。八時渡江到德明飯店，參加秘書廳同人會餐。到十二人，張秘書長及陳豹隱均有演說。訪宗武、驪先，又至福煦路訪雨岩主席，並與佛海商談出版物統制事，深覺標準不易定，擬明日與力子先生再談。時遲不過江，即宿漢口。

2月7日　星期一　晴

　　七時卅分起。八時渡江，在渡輪中晤瑞伯總監、芸樵、武鳴、蔚南、君強諸人。到武昌寓小憩，進食，即往官邸。旋即出席擴大紀念週，委員長訓話，分析國際情勢，謂正在急劇變化中，吾國人必須堅忍自強，爭取國家獨立自由之前途，歷五十分鐘完畢。仍至官邸，與辭修、力子、顯光商發表件。回寓後邵漢元來訪，為作書介紹于鄂主席。午後一時驪先來訪，委員長命其出使德國，驪意頗躊躇，以任務重大，故難之也。小睡起，核閱文電十餘件，閱定訓詞稿一件，今日汪先生召集談話會，以事未克往。夜八弟來話別，將以明日赴滇，不勝惆悵之情。修改精神總動員綱領後即就寢，已十一時矣。

2月8日　星期二　晴

　　八時起。委員長約赴官邸，面授精神總動員綱領應修改之要點，順便報告數事。其時委員長猶未早餐也。歸辦公室後，即依指示各點一一修正之。芷町攜來電數件來商，均甚難處理者。如孫魁元等請設豫北冀西之行政機關，以施行戰區之特殊設施，此與閻百川所請冀、察、魯邊區政委會同為一特殊之事例，送總參謀長核定。午後小睡起，聞警報，敵機三十三架到麻城，旋有十八架入武漢上空，三時卅分始飛回，已投彈三、四十枚矣。六時再至官邸，仍為精神總動員綱領事。七時歸晚餐，秋陽來談甚久。接細兒來函一件。十時卅分寢。

2月9日　星期三　晴

八時十分起。今日精神又大感疲憊，且有事務待辦，遂不及參加國防會議第五十次之常會。九時卅分有空襲警報，十一時始解除。與白健生通電話，為皖省府改組事，李主席請以張義純任民廳，朱佛定為秘書長，以章乃器為委員，即往官邸請示委員長後送行政院提先發表之。午後小睡起，核辦文電七、八件，頭痛心跳大作。力子先生來商書報檢查事，應對之間有怠容，蓋精神真不濟矣。夜改定民族道德一段，極簡單之一段文字，而構思大苦，費二小時始成。覺微熱，九時即寢。

2月10日　星期四　陰

八時起。知昨夜又下雪，今日天氣甚寒，頭痛稍止，晨起時精神尚爽健，蓋近來唯早晨兩小時可以作事，過此即不能用腦，已成常例也。複閱文件數種，王延松君偕羅秘書來談。旋劉愷鍾、梅恕曾兩君來談。梅君川人，談川事甚詳，對營業稅辦法極不滿。午力子先生來。午後小睡醒，核辦文電八件，校定精神總動員綱領，擬付印行。四時卅分委員長約往談，命暫緩付印。旋與岳軍、季鸞談商，決重擬一稿。七時季鸞去，余晚餐後歸寓。張增夫、袁守謙來談。十一時卅分寢。

2月11日　星期五　陰

八時起。以中央秘書處關於代表大會之法規呈閱，

並核擬文電五件。桂永清君來談德國政變情形，及此後趨勢之推測。十時卅分力子來談，同往謁委員長，請示書報檢查之原則，決定以事後審查試辦，並談對於黨的改革。十二時回寓午餐。聞警報，敵機十餘架來襲武漢，在武昌投彈，落南湖機場附近及武大等處，二時飛去。小睡至四時，周熾夏、朱建民（政校外交系畢業）二君來談。傍晚朱騮先兄來談。核閱文電十五件。何紹南呈平均地權試辦法案，極周密完妥。王冠青來談，夜無事閱舊書，與學素談。十時卅分寢。

2月12日　星期六　陰

七時卅分起。八時卅分渡江到漢，出席第五十一次常會。居先生以事回籍未到，席間由陳公博專使報告赴歐經過及國際形勢之觀察，歷一小時而畢。內容精實，聽者均極滿意。十一時接開常委會談話會，討論代表大會組織法及代表指定辦法。十二時卅分，散會，返武昌，即往謁委員長，官邸午餐畢，拍致王方舟電，並覆龍主席電。三時梁仲栗來訪。四時王冠英、范爭波、李立侯、楊度普諸君來訪，詢戰局及國際形勢甚詳，談約五十分鐘而去。五時偕仲栗至官邸，謁委員長有所報告。七時回寓，仲栗來續談。夜接胡適之函告美國政策。十一時寢。

2月13日　星期日　晴曠甚

八時起。今日為星期，上午決定休息半天。蓋半年

以來，早已不知有星期日休息之事。精神上連續緊張結果，反於工作有害。故最近有頗覺應恢復「星期日」之觀念於胸中，俾此心能有半日閒也。接紹棣兄電，省立圖書館仍在永康，即去一電致四弟，告平安，蓋久不去函矣。午後渡江至漢，參加汪先生約集之談話會，討論國民參政會之職權及組織等，到公博、雪艇、自明、浩徐、道藩、厲生、佛海、力子等九人。七時散會，至佛兄處小坐。以委員長電話招往，即過江至官邸談話並晚餐。敬之部長及天翼主席均來會餐。八時卅分歸寓。閱董顯光所撰傳略。十一時寢。

2 月 14 日　星期一　晴

八時五分起。今日氣候仍轉寒。盥洗畢去官邸，奉命以精神總動員稿再呈閱，退至辦公室小憩，晤李任潮來詳談，九時參加紀念週，十時卅分畢，十一時回寓。梁仲栗來談，自德大使得德國政府改組後之消息。邱大年來談教育改革與思想問題。黃仁霖來談新運四周年紀念。騮先來談參事室及出使事。劉經扶主任偕愷鍾來訪。十二時始去。騮先談至午餐後去。核閱文電五件訖，疲甚小睡，蓋已一時卅分矣。三時醒，接閱新生活四周年紀念演詞，覺措詞不甚得體，刪改又極費力，遂未閱畢。傍晚核閱文電十六件，委員長招往電話，又交下文字工作兩件。夜月明如晝，憶今日為元宵，料敵機必來窺擾，果於八時卅分聞警報，但未入武漢上空。十時警報解除，自誠攜講稿來閱

之，覺頭緒冗繁。十一時寢。

2月15日　星期二　陰

　　晨七時起。天尚未明，以燈燭代電燈。蓋武昌近來日間不供電也。修改昨日紀念週講稿，刪其冗複，存其精要，至九時四十分始畢。即呈核閱，並簽請不必發表，以其內容與委員長平時所反覆誥誡者無特異處也。疲甚，稍休後繼續修改軍醫會議訓詞一篇。十二時午餐，餐畢覺頭暈。芷町攜文電十八件來，一一批閱之，既畢乃大疲憊，只得就枕再睡，似有微熱，尋亦稍瘥。客來不已，均婉謝之。五時起，接四弟來電及五日所發一函，即作一長函覆之，蓋已二月不與通信。夜改正新生活運動四周年紀念詞一篇，極不愜意。

2月16日　星期三　陰、大風

　　晨覺頭痛發熱，遂未出席五十二次常會。委員長電話招往談，亦請假未往，靜臥至十一時始覺稍瘥，乃起坐讀書。午後芷町、君強均來談甚久。接閱文電十六件。四川局勢仍極混沌，至為可憂。久不得北碚來函，亦不知何故也。午後接張文白電話，詢余疾，其意可感。文白對余較厚，蓋季陶介紹之力為多。方之、荻浪來談，均五、六分鐘而去。夜七時往委員長處略談，承命重擬新運四周年紀念講詞。時日迫促，心緒散漫，擲筆茫然不知所可。接季鸞來函。十時十分寢。

2月17日　星期四　晴

以心中牽慮於文字工作，故四時即醒，不欲再睡。挑燈布硯，將動筆矣，忽感室內太寒，又無從覓爐火，睡意復起，乃再就枕。七時卅分起，即著手重擬新生活四週年紀念演詞。九時卅分及十一時卅分兩次被警報所擾，其實敵機並未侵入也。上午僅成三分之一。力子先生來午餐，詳談抗戰期中黨派休爭，理論休戰之問題，深以長此摩擦不已為可憂。午餐後一時卅分力子始別去。黃仁霖、李唯果、朱雲光先後來談，以致所撰之件屢作屢輟，至四時始脫稿。核閱來去文電二十四件，小睡不能入眠，乃起。夜頭痛甚，繕呈季鸞所擬之件。十一時寢。

2月18日　星期五　晴

晨七時四十分起。久不得默函，今日得其北碚所發第四號書，知鎧兒入學有阻礙，亂離之時往往然也。核閱文電十八件。芷町擬新聞稿一則，未閱定，待詳酌焉。汪日章君來，請簽署證明文件。溫麟君來，談中央政校事。又高宗武君來談日本研究之工作。高君不日即赴港矣。十二時委員長招往談，又命將講稿重新改擬。其時聞警報，在樓下眺望，見敵機十餘架，飛行極高，未投彈，一時卅分解除。歸寓小憩後，將講稿重寫之。思慮拙滯，面腦均作痛。七時送呈，並報告數事。回寓後與力、佛通電話。十時卅分寢。

2月19日　星期六　晴

八時起。閱孫哲生自莫來電，報告見蘇當局情形，與吾人所想像者完全相同。此電七日發出，昨日始到，殊可怪。九時參加第五十三次常會，梁寒操君亦列席，蓋已自渝回矣。今日到會者特多，共十五人，討論德國外交之變遷，費時最久，十二時始散會。往訪張文伯兄於羅吉飯店，未相值。渡江後核閱來去電十餘件。午餐畢小睡三時到官邸，報告今日常會經過，約二十分鐘即返。再處理文電十餘件。驊先來談甚久。蓋對出使德國事，意殊猶豫也。夜梁仲栗來談。九時到官邸與慕尹談話。歸已十時卅分，即寢。

2月20日　星期日　晴

八時起。考慮本室之組會事甚久，兼及工作分配事，亦未有具體決定也。閱定新聞稿兩件，又核閱委員長見客談話錄一件，時已傍晚矣。午餐後君強來談辦公廳諸務，芷町亦來談，至二時始去。張文白兄來訪，談湖南情形，詢余有堪任縣長之人才否，余識人不多，未敢濫為推薦也。四時左舜生君來訪，擬偕謁委員長，適聞赴漢口，遂未果。左君去後小睡一小時。核閱來去電約二十餘件。夜閱書報。與學素談話。十一時寢，久久不入睡。

2月21日　星期一　晴

晨七時四十起。聞德國竟承認偽滿，此為外交形勢上

一大變遷。吾國今後之應付愈艱矣。以有急要件待核發，未及參加紀念週。十時卅分到官邸謁見委員長談外交。委員長憂憤備至，且以英國易閣事為甚可注意，囑留意其演變之趨向。又聞郭昌明已來漢，攜川事解決方案，未知內容如何也。午後小睡起，擬訂小組會議之辦法，約佛海過江來商，旋騮先來寓詳談，久久不去，危坐陪之，疲困不可名狀。夜七時卅分佛兄去，與學素接洽工作及考績事。重擬航校七期畢業訓詞一篇。十一時卅分寢。

2月22日　星期二　晴

八時起。天氣晴暖，大有春日景象，精神亦為一振。午前將航校訓詞呈請核正後即寄毛總指揮帶去。委員長竟一字未改，想見其冗忙極矣。德大使接柏林訓令求見委員長，為約定通知之。午後小睡，竟至四時卅分始醒。以睡久轉覺頭昏，在露臺上兀立久之，始稍舒爽。四時五十分聞德大使已來見，不過解釋其承認偽滿為不滿意國際聯盟，以及中德邦交絲毫不變更而已。核閱來去文電約二十件，多無甚重要者。又改定陸大特四期開學及警官學校畢業訓詞各一篇。張麟文字迄無進步，可嘆。夜王冠青來談甚久。十一時寢。

2月23日　星期三　晴、午前陰

近日嗜睡，今日至九時始起，以手表停走誤時也。匆匆閱報畢，李唯果秘書來談。九時卅分往官邸，委員長

招往，詢談外交情形及精神動員事。十時舉行國防最高會
議第七次全會，出席者二十餘人。外、軍、財三部，均有
詳盡報告，討論德國承認偽滿事。汪、邵、朱、孔、王
（雪艇）等均有意見發表。委員長作結論，決定外交方針
不變更，仍尊重國聯，一時四十分始散會。力子先生偕至
我寓午餐後去。午後核辦文電二十餘件。夜本處甲組舉行
首次小組會議，出席指導之。複閱精神總動員綱領呈核。
朱登中、葉溯中來訪。閱雜誌，至十一時五十分。

2月24日　星期四　陰

八時十分起。昨夜至二時始入睡，今日覺頭昏異
常。九時到官邸，見委員長，詢精神動員事。十時舉行侍
從室會報，多瑣碎之事，了無意味。十一時卅分散會，與
岳軍、文白談。十二時回寓午餐，與佛海、君強談甚久。
覺精神不濟，方欲小睡，而張彝鼎來談，約四十分鐘始
去。四時起，馬叔平、丁默村、沙孟海先後來談。今日客
來不已，甚以為苦。傍晚核閱文電十餘件，公展來訪，談
至六時卅分去。夜李唯果來長談，所言甚有見地，然余傾
聽一小時，真倦極矣。十一時寢。

2月25日　星期五　晴

八時起。九時往官邸謁委員長，承詢問大會提案
事，又交還精神動員之件，命以邵、張兩稿併交汪先生，
並請汪先生亦另撰一稿，談畢歸寓。十時駐俄使館秘書時

昭瀛來談。時君湖北人，留學哈佛大學，習國際政治，談
歐局現勢甚清晰，約四十分鐘而去。為于先生電張曉峯，
請就任監委。受人之託，非我意也。曉峯應為學問而努
力，何必強之作官乎。核閱文電十件。午餐後小睡，二時
起過江，往訪汪先生，談提案及精神動員事，旋偕往河街
四號參加中委座談會，到四十餘人。五時散，至黃陂路一
轉，歸武昌。夜舉行第二小組會議，出席指導，並與佛兄
談話。十一時寢。

2 月 26 日　星期六　晴

　　八時十分起。連日均六時左右醒，然頭暈不能早起
也。以武昌尚有事待辦，故五十四次常會請假未列席。九
時，委員長招往談話，詢代表大會事及其他，命約汪先生
來談。十時歸寓，陶希聖君來談英國外交方針之趨向及此
間出版界情形，十二時去。午餐後小睡。醒後蔣大使廷黻
來訪談李外長與鮑使對華態度之異同，甚可玩味，橫濱總
領事邵毓麟君來談留日僑胞最後歸國時情形。旋公展、西
亞來訪。西亞居新登兩月，其塘棲之舊家已燬於敵機炸彈
之下矣。夜覆周惺甫先生書，摘呈文件二種，修改講稿大
半篇。自誠來，詳細指點之。十二時寢。

2 月 27 日　星期日　晴

　　七時四十分起。改定委員長在洛陽對一、五戰區各
級官長訓詞一篇，又參謀會議訓詞一篇，至十一時卅分始

畢事。乃知近來作事之速率遲鈍極矣。張明鎬偕渠青來談
四十分鐘。彼等即將去渝。午立夫邀午餐，以事未克赴
約，甚耿耿。午餐後核閱來去電十餘件，小睡約二小時。
實太長，醒後覺頭腦不清。續閱來電七、八件，又處理私
人函件約十件。讀報至晚，擬出外散步未果。夜秋陽來
談，接北碚六號家書。十時洗澡，十一時就寢。

2月28日　星期一　晴

七時卅分起。八時卅分到官邸，聞慕尹言，將脫離
第一處職務，專任航委會主任，而一處主任將由林蔚文君
繼任云。九時許聞警報，敵機由東向西北入鄂境，但未入
武漢上空，十時解除。十時卅分舉行紀念週，委員長引希
特勒「中國精神上不足以克服外患」一語以警惕國人，講
演約五十分鐘而畢。與力子、蔚文等略談歸寓。十二時卅
分又往官邸，奉命以洛陽對官兵訓詞印為小冊，並辦發代
電一件，為發表鄧錫候為川康綏靖主任事。午後核辦文電
十餘件。與芷町長談處理公務範圍。傍晚約學素出外散
步。七時卅分晚餐。夜十一時寢。

2月份回溯

本月共二十八日，出席會議七次、參加組會二次、
參加會餐二次、接見賓客六十二人、改定講演稿四篇、改
擬其他文字（精神總動員等）二篇、起草新生活紀念廣播
演詞一篇、撰航校畢業訓詞一篇，又改定畢業及開學訓詞

三篇，起草較重要之函電約八、九件，其他例行每日平均十五件。工作較在京時或稍繁，然亦並不如何緊張，但終覺精神體力不夠應付。請假休息者約三天、會議之未克出席者約六次。然大體上於重要工作尚無十分延誤。唯委員長特交審閱辦理之件，余總覺其難，其慎，不敢輕下判斷，亦以此時人少事忙，百事尚未秩然就理。余之見解以為造因宜慎，不可造次開端，使後難為繼，此與時流之硬幹主義終覺格格不相入耳。此月中健康狀況平平，但心思雜亂，精神極不振。

3月1日　星期二　晴、午後風雨

晨又貪眠，至八時始起。臨起床必患骨痛，此不能早起之大原因也。竺副官送上月份本處費用冊來，覺糜費甚多，戒其此後應力求節約。午餐計劃處務，為作他事。午後楊綿仲君來談皖省政務，深慨戰事起後，舊有規範系統均日漸凌亂廢棄，至為可憂。楊君任皖財政將三年，今乃有捨去之意。核辦文電二十五件，今日文件特多。夜閱陳豹隱君所擬「抗戰勝利之理論」約五萬言，精心之作也。汪先生送來黨務意見等，為摘呈之。閱民意週刊兩期，討論民眾運動極精詳。十二時寢，不能入睡。

3月2日　星期三　陰

七時四十分起。八時卅分應召往官邸，委員長詢參事室事，並謂各參事每週應到官邸談話一次。又談皖省事及侍從室諸事，命發致滇主席電。退與王侍衛長談，知本室一處主任決以林蔚文擔任，慕尹仍兼侍衛長名義。十時偕李秘書同車出，即歸寓。乃周身發冷，頭痛、骨痛不可忍，遂蒙被而臥，然亦不能睡。二時起，勉強進餐畢，又睡至五時起。荻浪攜沈某之件來談。夜與芷町、唯果談。秋陽來話別，擬赴渝也。十一時洗早就寢。

3月3日　星期四　陰

八時十分起。九時應召到官邸，委員長命約各參事及張季鸞、陳博生諸君於星期一到官邸會談。以後每週舉

行會談一次。十時舉行會報，林主任新到，由余主席。討論案件多屬事務方面者，決議四案，而費時約二小時，真無謂之至矣。十二時歸寓午餐，與佛海兄談刊物管理事。小睡一小時餘，為電話驚醒。核閱文電十四件，掃蕩報社長丁文安、主筆陳友生來談。夜作家書第二十六號。整理積件，並修改講演稿。至十一時倦甚就寢。

3月4日　星期五　陰、晝晦

八時十分起。九時再應召到官邸。委員長命余每日應與林主任定時共同入見一次，以便接洽公務。觀其三日來均於上午約余往談，當係欲余多住官舍之意。上午遂在辦公室閱講演稿，未回寓。荻浪來談，欲返侍從室服務，余告以事簡，可不必來。十二時與林主任等略談後歸寓。午餐畢，天色晦冥，骨痛大作。午後三時卅分再往官邸，偕李又椿入見。委員長以汪先生函送之提案要點交余，並面告修改之點，鄒敩公升任副主任，陳希曾任一組組長。五時卅分歸寓，大感鬱悶。七時佛兄來主持小組會議，余再謁委員長，商承黨務及訓練等諸問題，談三十分鐘。見委員長似有倦意，想見近日煩勞甚矣，九時卅分歸寓，與佛兄略談，佛兄慰余甚至。至十一時就寢。

3月5日　星期六　陰

八時十五分。九時渡江到漢口，參加第五十四次常會，聽取外交報告，知德國對我態度漸惡化，會議中決定

大會在武漢舉行，並討論對付華中偽組織事，列席者發言繁而寡要，至十二時始散會。偕力子過江，到官邸謁委員長，報告會議情形。一時回寓午餐。力子去後，午睡一小時半。三時十五分李又椿來談，至五時卅分始去。核閱文電十餘件，晚餐後閱情報，發私函。聞亦僑病甚淹滯，殊以為念。出外理髮。十一時就寢。

3月6日　星期日　風雨、夜大雷下雪

八時卅分起。九時到官邸晤何總長，知川局又有變化，真不測也。出席聯合紀念週，委員長訓話達一小時，以南京退卻時未能周到保護人民，引為軍政當局莫大之失職，勗勉在場人員實心實力負起非常責任。十時十分散，偕力子先生同至官邸，十一時回寓。毛鳳藻君來訪，為請求入陸大事。張秘書齡來談，勗以持身處事宜恢閎局量。午後小睡起，摘呈川電六件，又接辦普通文電十四件。芷町處事敏捷而負責，殊可喜。六時狄君武來談，關於代表大會開會事，及武漢各中委對于黨事之意見。談一小時餘始去。改參謀會議講稿一篇，閱情報至九時完畢。古秘書來談。接允默碚八號函，知吟苡兄有喪明之痛，異地遭此厄逆，其胸懷之惡可知矣。即作一函慰之。十一時就寢。

3月7日　星期一　陰、夜又下雪

八時起。九時希聖來談。十時卅分同至官邸。今日為參事會談之日，並約張季鸞、陳博生、王雪艇諸人，力

子、佛海均列席，驪先主任及陳豹隱、周鯁生兩參事均
到。十一時開始談話，各人陳述外交形勢及日本政情，雪
艇發言最扼要，至一時卅分始畢。午餐後偕周、陶二人歸
寓，核呈急要件二件。三時驪先來談，約五十分鐘。旋即
小睡，五時卅分醒。核辦文電十五、六件，俞大維君來
談。旋方希孔來談黨務及擬發中央半月刊事，婉詞勸止，
請其待大會以後再發刊。八時始得晚餐，已甚疲倦矣。王
冠青又來談，約一小時，乃覺腦筋沉重，靜坐一小時始
癒。十一時寢。

3月8日　星期二　大雪

八時二十分起。昨晚又大雷，繼以大雪，天氣驟寒，
甚不舒。十時到官邸謁見委員長，對參事會談要點有所報
告。奉交下精神動員件，命再改擬之。又命向汪先生代達
對大會宣言之要點。與蔣夫人略談後，一時歸寓午餐。午
後三時到一德街汪寓，參加政治組織提案審查會，討論參
政會組織甚久，七時始散會。大雪不止，遂不渡江。至美
的飯店應佛兄約晚餐。同座有白、范（紹陵）諸人。九時
回黃陂路新寓，十時偕芷町到同福里閒談，十一時歸寓，
為蔣夫人起草講演詞，至一時始寢。

3月9日　星期三　晴霽

八時起。張明鎬、翁爵年兩兄來訪，為各作介紹函
兩緘。九時十五分到中央銀行參加常會，討論代表大會開

會地點，各委員陸續發言，漫無歸宿。最後根據何總長等意見，決定在武漢開會，由汪主席電告葉秘長轉呈林主席等決定之。十二時卅分散會，到汪公館一轉，即歸寓。摘呈報告三件，核辦要電七件。李唯果秘書送來所撰國際形勢研究報告一件，為審閱一過交還之。二時午餐，餐畢小睡，至四時始醒。吳禮卿、張子纓兩君先後來談，六時卅分始去。夜第四組舉行小組會議，至委員長處報告數事，十時歸寓。十一時就寢。

3月10日　星期四　陰

八時十五分起。閱講稿一件，未完畢。十時到官邸參加侍從室會報，由林主任主席，陳方之君對小組會議記錄作審查報告，繼決定本室例行件四件，十二時散會。偕佛兄等歸胭脂坪寓所，午餐後談至二時佛兄乃回漢。余疲甚小睡，至四時醒。郵件檢查所主任李靖清君來訪。核閱文電十七件。今晚貴嚴、味辛二君在漢宴客，七時偕芷町渡江，至鹽業銀行晚餐。到吳禮卿、嚴立三、楊揆一、方仲文（超，漢公安局長）、郭蘇東（志楨）等一行人。九時餐畢，回黃陂路，作致大哥函。與芷、佛談。十二時寢。

3月11日　星期五　陰

八時起。九時渡江回武昌寓。閱李秘書及陶希聖外交研究報告各一件。九時四十五分到官邸見委員長，報告黨務提案討論無甚進展。十時汪先生來見委員長，商代表

大會及國民參政會與中樞黨政機構因革事宜，余亦參加旁
聽焉。十一時卅分與驅先略談即歸。委員長命調查武漢各
界明日紀念之辦法，一時到官邸報告之。午後四時梁漱溟
先生來訪，談陝北及徐海情形，約二小時始去。接積祚來
談，附來滬電，知外舅以八日病歿於滬寓。仲春祝壽以後
竟成永別，思之悲愴無極，即電濟弟等唁慰。夜參加第
十五小組會議。十二時就寢。

3月12日　星期六　晴

八時卅分起。以頭痛殊甚，未及參加總理逝世紀念
之典禮，亦未赴漢出席常會。十時卅分到官邸，委員長以
汪先生所擬之大會宣言稿交余閱讀，並謂此稿似稍嫌平
衍，與非常時期之環境不能適應，有改擬一篇以供酌採之
必要，命余試為之。辭不獲命，只得攜回斟酌，然近來腦
力疲弱至此，如何能勝此重要之工作乎。今日閱呈李秘書
唯果之斐希特論著，摘要一篇，並核辦文電約二十件。上
午張明鎬兄來話別（今晚赴川）。下午孫子錚、毛鴻藻諸
君來談。檢閱舊篋，準備改擬宣言之必要材料，並閱去年
日記數冊，對宣言仍未動筆也。十一時寢。

3月13日　星期日　陰

八時起。以有文字工作須準備，故未出席總理紀念
週。盥洗畢即檢閱歷屆大會及全會文件，但客來不已。十
時君武、雲光來訪，十一時蘭友、希孔來訪，均談一小時

許而去。午餐後接委員長電話，命先將口授要點逐條記
出，方欲動手，而楚傖、立夫自渝歸，過寓相訪，談重慶
方面對開會地點尚有異議，林主席不允來漢，並互談渝、
漢兩方面情形，三時始別去。小睡數十分鐘，起而核閱文
電十件。五時著手摘記要點至八時始畢。騮先約晚餐未
去。十時廿分寢。

3月14日　星期一　晴

八時起。作私函數緘，九時到官邸，委員長以要點
再交余補充，且命即起草全文。回辦公室與經國略談。旋
楚傖來。十一時舉行參事會談，除上週所約諸人外，並加
約公博、岳軍，共到十二人。討論德奧合併後之歐局及日
俄有無正式衝突可能，並談政治組織及公約等問題，一時
散，即在官邸午餐。餐畢與周、陶偕回寓所。三時卅分始
得午睡，約半小時即起。五時聞警報，敵機六架來襲，八
時偕芷町過江，準備大會文字，夜即宿漢口。十一時卅
分寢。

3月15日　星期二　晴

七時起。今日竟日準備大會宣言之腹稿，自上午十時
至下午六時卅分未見一客（僅閱文電十二件）。專心構思，
蹀躞室中七、八小時，而迄未得一字。蓋因九時許委員長
招往，又命余起草開會及閉會講演詞，又談及精神動員及
青年組織事，腦筋內遂紛陳諸問題，而不克排遣雜慮。近

來腦力之衰，文思之滯拙，真無可救藥矣。敵機於午刻到武漢附近一次，夜七時乘月色又來一次，投彈約卅枚，九時始解除警報。與佛海及汪先生兩次通話，宣言文字仍請汪先生撰之。為蔣夫人改譯講稿一篇。十一時卅分寢。

3月16日　星期三　晴

八時起。九時到官邸，報告昨與汪先生接洽宣言文字之經過。李唯果來談，驪先將約其出國，余意以為不必。十一時再去官邸，委員長交下致提案委員會函，請準備關於戰時國民生計、撫卹死傷官兵、統制日用物品及戰時教育設施等提案。即回寓分寄汪先生、葉先生，請汪先生分配轉達。午後實之弟來談，小睡僅卅分鐘。核閱文電十餘件。四時陸叙百君來談，以國社黨之立場詢問中央此後對於各黨派之態度及其辦法，談兩小時始去。寄經國函附去書二本，夜參加第十四小組會。九時敵機六架襲入漢市上空投彈，十時去。十一時寢。

3月17日　星期四　晴

七時二十分起。八時卅分應召到官邸。委員長詢宣言起草事，並口授講演詞要點，草記於手冊，先後講述約三千言。又命擬函稿五件，十時回寓。敵機自皖、豫出發者約六十架，但未入武漢上空。十一時驪先來談，力子來談，片刻即去。午餐後即小睡一小時，與芷町分擬致川、魯各將領函，擬就交繕。四時卅分往官邸將函

件面呈，並報告岳軍對川事意見。五時偕韜奮、重遠二君自官邸回寓，詳談對於民運及言論標準。至七時始去。核閱文電十件。夜起講演詞初稿。今日接望弟十日發一函。十一時寢。

3月18日　星期五　晴

　　八時起。閱精神總動員稿。九時卅分奉召往官邸，委員長詢講演詞準備之情形，並面交辦理令稿一件。又決定本週參事會談改於星期日舉行，即分別通知之。聞敵機有過英山者，但未入鄂境。十一時回寓，致汪先生及周佛海、劉建羣各一函。午後小睡卅分鐘。趙述庭兄來談。學素今日自浙歸，亦招其談話焉。預備講演稿，費半日之久，僅成上半篇。夜以五組小組會議，佛海來談，未作事。十一時寢。

3月19日　星期六　晴、下午微雨

　　三時即醒，四時聞警報起，五時卅分解除。再睡至九時始起，精神為之不寧。今日委員長出席將官研究班講話，又見德俄外交人員，鎮日無暇晷，余未往官邸也。準備開會日講演詞，取昨未完稿再加修潤，且補足三分之二，至午後二時卅分完成，約四千餘字。徐道鄰兄來談，午餐後始去。午後小睡一小時。汪先生函送宣言第二稿，錄存一份，並擬修改數語，簽註呈送之。王芸生來談一小時餘。委員長為青年團事有手條三則交送立夫、辭修。夜

閱佛海送來稿。十一時就寢。

3月20日　星期日　雨

　　七時五十分起。擬著手修改文字工作，故未參加紀念週，但結果獨坐凝思，意緒轉極雜亂。修改佛兄稿未及兩頁。十時卅分到官邸，遇邵力子先生略談。十一時參事會談，商討應否擬訂國民公約之問題。今日到者十二人，張子纓君亦參與焉。一時始散。二時午餐回寓，乃大疲倦。午睡片刻起。核閱本日文電十七、八件。孫翁孺君來談學生會事。程遠帆兄來談修改對後方勤務人員訓話稿一件。夜往官邸與立夫同謁談話。十時回寓，即寢，十二時始入睡。

3月21日　星期一　晴

　　晨七時二十分起。十時應召到官邸，適委員長接見航空人員，坐待許久。與劉塵蘇大使在客室一晤，未及詳談也。十一時卅分回寓，核閱文電八、九件，又略閱共產黨所散播之黨的策略路線，交學素摘要送呈之。今日全日為整理精神總動員告國民書一稿，而用十小時以上之腦力，始則就周稿刪改，繼又試為重寫，然迄不能成篇。文字能力減退至此，恨恨無已。宜昌史岳門君來訪，接談良久。夜秋陽來談。接允默碚第十號函。十一時寢。

3月22日　星期二　陰

八時起。九時卅分應召到官邸，詢問提案起早情形，即報告大略，並請示精神總動員等件應否派人另行起草，以腦力實在不濟，勉強為之，亦不完善。奉諭可從容撰擬之，不必屬他人。十一時退回寓所，核閱文電十一、二件。午後三時渡江至汪宅，商討宣言，對於外交方針一項，各人斟酌甚詳，直至七時始定稿。散會後匆匆回武昌，即到官邸。以世和、蔚文諸人均將出發也。見委員長接洽數事。九時卅分回寓，十時卅分寢。

3月23日　星期三　陰

八時卅分起。昨晚未服藥，又不能熟睡，故遲起。九時到中央銀行，參加第六十次常會，討論審計法案，各人發言漫無限制，殊耗費時間。十一時散會，往訪楚傖，商講演稿。十二時回武昌寓所，閱昨發文電及本日文電十七、八件。小睡片刻，三時渡江至河街四號，出席黨政兩組聯席會，到二十八人，七時散會。至黃坡路休息，夜即宿黃坡路。代委員長接見陳冶青、陳立三、趙申之三君，趙君談甚久。繼佩箴來訪。十一時五十分寢。

3月24日　星期四　晴

晨七時五十分起。八時渡江，到胭脂坪小憩。十時到官邸舉行會報。林主任、王侍衛長、李組長均因公缺席，由余主席，討論第一組提案三件，並決定以後會報每

兩星期舉行一次，由一組辦發通知。十時四十五分散會，
接銅山來電話，自誠所發也。十一時回寓，與佛兄、芷町
閒談，至午後二時佛兄始去。小睡至三時卅分醒。繼續草
擬總動員之件。中間屢為他事所擾，至夜九時卅分仍一無
成就。十時卅分服藥而寢。

3 月 25 日　星期五　晴

晨八時起。面部浮腫，而頭腦漲痛，豈昨晚服
EVIPAN 太多之故歟。接積祚轉來濟弟函，詳告外舅臨歿
之狀況，讀竟異常悲感。作致汪先生函，陳述修改宣言之
要點，希聖之意也。正午聞警報，但敵機未入武漢上空。
午前僅修改講稿，未作他事。午後本擬著手整理積件，而
客來不已。枕琴先生來談卅分鐘，胡健中兄來談浙中情
形，及對黨改革之意見，竟長談二小時。傍晚疲甚，以今
晚在鄰室又須開小組會議，如不變換環境，則腦筋無法寧
靜，乃於六時晚餐後，偕芷町渡江到漢口，即宿黃陂路，
收拾各文件後十一時寢。

3 月 26 日　星期六　陰

晨七時起。早餐後屏除雜慮，為委員長起草「為實
施精神總動員告國民書」，至十二時完稿。既成視之，了
無深義，然已費余三次之刪改，與十五、六小時之光陰
矣。午餐後小睡未成眠。二時起繼續改擬國民精神總動員
綱領，就張、邵兩稿參合修改而成，大抵以張稿為本，而

將邵稿中段加入之。更另擬前後兩段，至晚九時始脫稿。
長約一萬言，其中重複雜亂之處仍不免，然余已不能更有
進一步之改正矣。十時卅分寢。宿漢口。

3月27日　星期日　晴

晨六時醒，七時起床。早餐後到河街四號訪蘭友，
未遇，即渡江過武昌，到審計處訪葉秘書長。談詢提案情
形及大會籌備事，九時返胭脂坪寓，李秘書唯果送來關於
英義談判報告一件，核閱轉呈之。又為蔣夫人修改關於救
濟難童之文字一篇。接默第十號函，及大哥四弟各一書，
讀之甚感安慰。十時卅分聞警報，敵機卅餘架侵入，在徐
家棚一帶投彈甚多。今日精神頗感疲倦，不能工作。午後
小睡一小時。李立侯、熊純丈來訪，未及接見。又王外長
來談良久。夜秋陽來談，擬日內赴滬，作致濟弟一書，託
帶去。十一時寢。

3月28日　星期一　晴

七時五十分起。以電話詢問，知世和等今日正午可
歸矣。閱黨務提案之件。九時卅分養甫過江來訪，不見半
年矣。握手談笑極驩。旋如音、華亭兩君來訪，與談約
五十分鐘去。養甫留余處午餐，驪先亦來談，至一時卅分
始去。聞臨城、濟寧均為我軍收復。二時到官邸見委員長
報告六日來各事，三時再往，交下黨務提案簽註意見，囑
即轉知研究。回寓小憩，五時再至官邸，與葉秘書長進

見，接洽開會及提案等事。七時卅分始回寓。今日例行件
不多，僅八、九件，即批閱之，八時卅分致汪、居、陳等
各一函。九時約希聖來研究戰時綱領。至十二時卅分寢。

3月29日　星期二　晴

七時起。複閱昨晚與希聖研究之件，修改而清繕
之。八時卅分攜呈委員長。九時立夫亦來，會談黨務提案
良久。十時汪先生來訪委員長談提案，十一時各常委于先
生與岳軍、厲生、力子、公博等約至官邸，與委員長商提
案。一時午餐，午後二時卅分開常會商開會事，至三時
五十分始散。回寓小憩約一小時。核閱本日文電十餘件，
七時再到官邸一轉。七時卅分與佛兄同至武大開會，到各
代表中委約四百人，推定主席團，作黨務、政治、外交報
告。十二時散會，即歸就寢，已一時矣。

3月30日　星期三　晴

七時卅分起。八時委員長約往官邸談話，詢黨務改
革案及其他題案，並命發龍志舟一電，退與辭修談建國建
軍綱領及其他事項。十一時回寓，核閱本日文件，以委員
長有目疾，故次要者均代為辦理之。彝鼎來談，為作書介
紹於教育部。十一時卅分驤先來談。十二時同赴機場，迎
渝來各中委，等候一小時始見中山機由南飛來，稚暉、季
陶、鼎丞、溥泉諸公均連袂來漢，相偕到審計處臨時秘書
處午餐。餐畢舉行一簡短之談話會，談畢回寓，已將二

時。即小睡，四時醒。再往官邸，接洽今晚議程等件。六時卅分委員長宴稚公等，七時卅分與果夫同車去會場，舉行第一次會議，除軍事、財政報告外，討論提案四起。余在會場草審報告一件，十二時散會。

3月31日　星期四　晴

　　昨晚至三時始入睡，晨六時即醒，七時起，睡眠實未足也。與佛兄共同審閱抗戰時期綱領，經岳軍、公博兩人所修改者。八時四十分到官邸，以綱領修正文及黨務提案最後稿呈閱。並承命預備講演詞，口授要旨，約分四大段：

（一）國際形勢與中國前途；
（二）中日戰爭之前瞻與本黨之使命；
（三）抗戰建國之中心工作；
（四）恢復民族固有之道德與精神。

　　至十時僅述畢第二段，有客來見，遂中止。十時卅分與張君勱同進見，退後君勱與余又談卅分鐘。並與驪先、均默、楚傖諸兄接談大會及其他諸務，十一時五十分回寓。午後小睡五十分鐘起，搜集材料，為起草講稿之預備。自誠送來將校研究班訓詞一篇，急待付印，遂先為修改而交之。五時再至官邸，接洽諸務，代批文電若干件，至七時歸寓。佛海、公展自漢口來，談今日審查會之種種情形。八時佛兄等往會場，余以講演稿須趕寫，遂告假未往出席。但腦筋疲滯甚，屬筆一小時僅成兩段，手指微

顢，不堪工作，遂於九時卅分就寢。

3 月份回溯

　　本月共卅一日。出席會議十七次、參加紀念週一次、參加宴會二次、接見賓客六十人、起草講演詞四篇、宣言及精神總動員綱領各一篇、代擬審查報告文二篇、撰擬重要函電七件、修改講演稿六篇、審閱報告及稿件四件、核辦例行文件每日平均約十四、五件、訪友七次，較之前月撰擬工作亦未加多。唯承命接洽商擬事項，性質較為繁雜，尤以出席會議次數較多，每次至少在二小時以上，故時感時間不敷支配。本月中小病四次，均不到一日而癒。月終以舉行臨時代表大會，事務更繁，幸二十三至二十七之五日間事稍清閒，得有短期寧息，故尚能勉強支持。然會議之請假未出席者，仍在十次左右。至交辦件雖無十分延誤，間亦不免草率，體力精神所限，殊覺心有餘而力不足也。本月中晨起較早，為比較可以自慰之一事。

4月1日　星期五　陰

晨六時起。為委員長草擬講演詞，時間迫促而內容紛繁，至七時卅分僅寫成六百字。適接電話，即往謁面陳，奉諭可改擬大綱，便於觀閱。並補充材料若干項，九時回寓，覺疲甚。小睡亦不能合眼。十時再起，先寫「國際形勢與中國之前途」一題，中間兩度為大會秘書處電話所間斷，至十二時卅分始寫成約九百字。午餐後小睡卅分鐘即起，再續寫「中日戰事之前途與中國國民黨使命」一題，內容較繁複，分九段，至五時始完稿，即交繕正，約二千餘字。六時攜往官邸呈核，並報告今晚議程。回寓晚餐，精神疲極，以今晚閉幕式不能不參加，仍勉強赴會。八時開四次會，馮煥章主席，委員長講演。旋改由孔主席，通過修正總章案，決議設總裁、副總裁，一致選任蔣、汪二先生擔任，由吳稚暉先生登台說明，詞意沉摯，全場感動。繼通過抗戰時期綱領及大會宣言。休息十五分，舉行閉幕式。蔣先生致詞，勉黨員自愛自奮。一時禮成，即歸。二時寢。

4月2日　星期六　陰

晨九時卅分起。以昨晚三時始入睡也。數日來冗繁之結果，精神疲勞。午前未作事，略閱情報而已。與芷町談戰局前途。午餐後小睡，忽委員長以電話命將第三、四講稿擬呈，未及準備，遂趕撰之。幸次序材料腹中已略具端緒，自二時起至四時三刻即寫成，首尾三千字，

不暇校讀也。五時委員長及汪先生招待各代表茶會，到三百餘人。汪先生致詞，警切動人之至。七時散會，與果夫、岳軍、敬之諸公談。夜準備約見各代表之名單。秋陽來談。十時寢。

4月3日　星期日　陰雨

七時四十分起。八時卅分到官邸，與養甫談話。九時參加擴大紀念週，到大會各代表及中委等四百人。委員長講演抗戰建國中心工作，並勗勉黨員以後應以篤實二字為作事方針。講演一小時而畢。仍至官邸，與果夫談話，擬發林主席一電。至十一時始回寓。午後小睡一小時半醒，覺精神略復。接允默碚十二號函。四時到官邸，招待華僑代表同志五十餘人，李慕青、鄧鑑堂、鄭其妙、鄧川山、王泉笙、葉風、陳維屏、丘正歐，先後致詞，六時始散。委員長又命整理講稿，余實無暇及此矣。今日核閱文電約十件。午求姪偕朱君來訪，未暇詳談。夜八時偕佛兄參加官邸之談話會，到立、果、厲、藩、賀、廉、劉、周等八、九人，商今後黨務。十時散，歸寓。陶希聖君來談。至十二時寢。

4月4日　星期一　晴

七時起。與佛兄談今後國事之趨勢。八時卅分佛兄偕希聖渡江赴漢口，余以立夫之囑，託為修改教育方案之文字內容。至九時忽大感疲倦，乃上書委員長請病假一

天。就床小憩，覺腦際隱隱作痛。十一時強起，將教育方
案修改完畢，寄還立兄，午餐已十二時四十分矣。午後再
睡二小時起，乃覺精神稍爽。核閱文電十餘件。蔣夫人寄
來委員長與美國作家 JOHN GUNTHER 談話稿，係端納
起草，措詞多不得體，為逐條修改之。七時卅分始畢。夜
十時洗澡就睡。

4月5日　星期二　晴、暖甚

七時卅分起。今日為舊曆清明，念家人星散，盧墓
無人祭掃，悲感萬端。何日掃清敵氛，俾得擺脫職務，歸
而展謁乎。八時卅分，至委員長官邸，報告昨日審查會情
形。十時歸寓，宗武來談久之。十一時擬往訪季陶，聞已
渡江，將于今午飛渝，乃至機場晤之。留其再住數日不可
得，一時送其登機而別。午後三時核閱本日文電十餘件
訖，渡江至漢口，參加全會提案之審查會。到十五人，討
論國民參政機關事，無甚結果。至五時五十分散會，七時
往見委員長，八時卅分在官邸會談，到者與三日之會同。
談至十一時始散。匆匆歸寓，即就寢。

4月6日　星期三　晴

八時卅分起。到官邸謁委員長。交下函件數緘，命與
汪先生商酌，皆關於國民參政事。歸寓後忽覺頭腦漲痛，
且極疲倦，兩腕幾不能舉。乃就床小憩。午後一時渡江至
河街四號開預備會，四時回武昌，以葉先生之約，赴行營

商開會事。參觀會場一週，至官邸報告議案，七時回寓午餐。八時偕佛兄赴行營，參加第四屆第一次會議，討論提案三件，通過青年團組織要旨。十二時卅分散會。

4月7日　星期四　晴

八時十分起。知委員長已來電話，即去官邸報告昨晚會議情形。交下青年團文件數件，命加審閱。又志希所擬之青年組織要旨及青年軍人思想善導方案，歸寓讀之覺所言有極扼要者。午後小睡不成眠。接大哥第三函，未暇覆也。三時偕力子同謁委員長。四時到行營開審查會，討論提案，至六時尚未完畢。以汪先生囑，至官邸有所請示。委員長以魯南大捷，命擬電告將士民眾勿以小勝而驕。八時出席第二次會議，仍無決議。十時卅分與佛兄先歸。談黨的前途，覺艱難正多，殊無好懷，十一時卅分寢。

4月8日　星期五　陰雨

七時卅分起。昨晚睡未足，覺疲倦。八時委員長招往談，命擬致李、程兩司令長官及孫總司令連仲、湯軍團長恩伯等慰勞電，又命準備講演稿，歸寓請佛兄分任之。十一時草擬電稿完畢，又審閱講稿材料。十二時君強來談。午後小睡一小時許。二時到官邸一轉，三時到行營出席談話會。委員長蒞會講演（縣以下之黨政機構要點），歷一小時半始畢。接開第三次會議。夜八時續開會議，決定常務委員及各部人選。十時散會，即歸

寓。十二時卅分寢。

4月9日　星期六　晴

　　七時起。此四、五日間精神疲倦異常，心思殊散亂，以佛兄已就宣傳部副部長，則此間之副主任職務將無法兼顧也。九時卅分到官邸謁委員長，諭示鄉鎮工作要點及青年團訓練委員會等各事。歸寓後致汪先生一書，寄去張君勱等函稿。十時卅分桂崇基君來訪。十一時大姪來談，別已十月矣，知近來任職浙建廳，極辛苦。午餐後去。核閱文電十一、二件。近日來去文電不多。午睡後佛兄來談甚久。旋實之來談。夜朱登中來談。午後精神又極不振，夜更甚。十時就寢。

4月10日　星期日　晴

　　七時起。補記七、八、九三日之日記。蓋連日事繁神疲，日記亦不及按日記載矣。八時卅分到官邸，八時參加紀念週。委員長訓話，以今後工作要旨勗勉諸僚屬。謂須做到軍事化之精神，歷一小時畢。偕果夫進見，談中央政校事。旋與果夫同回胭脂坪。十一時宗武來談，午餐後始去。與芷町談本室處理公務之注意事項。午後三時天翼來談，縣以下黨政工作改進之要點，主張以鄉鎮為單位，出示圖表，詳述其理由，娓娓三小時之久。七時始得晚餐，疲極矣。八時到官邸，辭修、果夫、驌先、立夫、兆民、厲生來共談黨務，委員長出而指導，研究人選，直至

三時始散。一時就寢。

4月11日　星期一　晴

　　晨五時醒。服安眠藥一片，再睡至七時五十分起。張劍鋒送來論文一篇，並來余處請益，為審閱而指正之。汪先生送來覆張君勱函稿，簽附意見呈核。十一時佛兄來談。十二時出席參事定期會談，到騮先、岳軍、公博、博生、希聖、季鸞、豹隱、鯁生等人。對日俄開戰之可能性研究甚久。二時午餐。餐畢偕力子、佛兄、希聖到寓談話，三時卅分始去。小憩至五時醒，核閱文電十八件。今晚接碚十四號家書。又接黎叔來函。夜擬修改講演稿，以電燈忽明忽暗，無法工作。十時寢。

4月12日　星期二　晴

　　七時起。致張岳軍函，附去張君勱來函及覆函稿。八時接電話往官邸，對於掃蕩報及中宣部事委員長均有所詢問，並命傳述其意旨。又交下青年團訓練要則及告青年書，簽註甚多，命再整理之。九時回寓，發函電數則，約蕭化之談。告以委員長擬充實掃蕩報編輯部之意。十一時後止弋、佛海、養甫先後來談。午後忽感神思煩躁精神不寧。小睡起後，天氣惡劣，筋骨酸痛大作，實不能支持。念如此勉強支持，必將如去年再發舊疾。傍晚上書陳明乞假兩日，晚餐後與學素閒談。敵機乘月色侵入，投彈十餘枚而去。擬赴漢遂未果。十時寢。

4月13日　星期三　陰雨

　　七時五十分起。昨晚睡眠中似發熱，今晨頭痛而口乾，甚不舒。盥漱畢，靜坐二十分鐘。閱雜誌論文十餘篇。十時熊天翼來訪，談鄉鎮組織及青年團諸事。十一時浙大校長竺藕舫來，談浙大近況及要求救濟經費困難。談約一小時而去。希聖偕佛兄伉儷來訪，略談即去。端木鑄秋來，未及接晤也。今日決心不用思慮，游散靜攝，但客來不已，等於無休息也。午後小睡。聞警報，敵機五十架由皖入鄂，未至武漢，不知附近何處城邑又受虐矣（四時聞警報，五時始解除）。六時晚餐畢，偕芷町渡江往漢口，夜宿黃陂路。十一時寢。

4月14日　星期四　晴

　　七時起。擬動手修改講稿，而指又微顫。早餐後乃渡江過武昌，以電話詢公展，知外出矣。今日精神仍極疲，而畏煩特甚，然各件非親自處理不可者，仍絡繹而至。立兄等呈辭社會部，此又使委員長大感不快之一事也。驪先來談良久，即以此件託其面呈焉。午餐後小睡至二時十五分起，沈饅若來訪，未接晤。汪先生來電話，亦未接談也。三時卅分公展來談，五時後始去。核閱文電十四、五件，芷町亦有小病，請先退。夜精神依然不佳，太陽穴作痛殊甚，呼水洗澡畢，已十時，即就寢。

4月15日　星期五　晴

六時卅分起。閱近日報紙論文及雜誌數種。至八時卅分又感疲倦腦痛，不能作事，且畏寒殊甚，乃就枕小憩久之。又入睡，至十一時起。擬作函致大哥、四弟，然提筆屢止，卒中輟，蓋心神不寧極矣。葉溯中兄來談出版界情形良久。午餐後力子先生來談宣傳部事，下午精神仍不佳，服安利納治一丸，始稍見鎮靜。請假休息已三天矣，如此情形，實不能恢復工作。乃上書委員長，再請假休息兩天。六時核閱本日電文十五件，改講稿一篇（軍法會議閉幕詞）。夜聞警報，敵機未入。九時卅分就寢，枕上閱外交報告，十一時後入睡。

4月16日　星期六　晴

七時起。今日精神似較昨日為佳，想休養已有相當功效矣。接佛海送來張君勱以國家社會黨代表名義上總裁、副總裁書，並繕具覆函稿，即呈送核簽，然至下午未簽署發下，想見委員長異常忙碌也。自九時起，修改大會講演詞，至十一時僅及四分之一，疲甚稍息。午後小睡至二時卅分起。三時繼續工作，至六時約完畢五分之三，姑且置之。核閱本日文電約十件，晚餐後再續至十時始修改完畢。自誠紀錄此稿，太覺凌亂散漫，改正乃大費力，然腦力之疲可見矣。接允默十五號函，即覆之。十一時寢。

4月17日　星期日　晴

八時起。昨晚睡後，以敵機夜襲三次，未成眠。但晨起精神尚爽適，假期今日已滿，乃集中心力於清理積件。九時後即著手修改委員長在全會講演詞（改進黨務及調整黨政關係），內容繁複，紀錄技術又拙劣，凌亂無次，修改幾等於重寫，至十一時僅及三分之一而已。委員長批答請假書，囑安心靜養。琢堂、佩箴兩先生來訪，慰問殷殷極可感。午餐後小睡至三時始醒。覆公弢一函。張君勱以國社黨名義上書蔣、汪兩先生，今日正式簽覆之，由岳軍轉原函送中央秘書處存檔。五時起，繼續修改講稿，以警報稍停，夜十一時完成十分之八，乃就寢。十二時後敵機來襲三次，四時始入睡。

4月18日　星期一　晴、甚熱

八時五十分起。以昨晚又為敵機進擾，睡眠不足，精神較昨日更為疲憊。閱畢本日報紙，並補閱昨日文件，即不能支，就床小憩，闔眼靜養，至十一時起。芷町攜文件來商，因談縣政改革案，頗以江西省府所實行者未必能推行盡利也。午後徐旭東兄來訪，言將赴貴陽。又張元夫君囑李錦萃來訪，未晤談。四時卅分佛海、博生兩君來，五時到官邸參加參事會談，研究國際形勢及抗戰綱領。七時畢，回寓。夜心極繁亂，洗澡畢寢。

4月19日　星期二　陰

七時起。今日正式銷假視事。腦力未及，亦不遑顧矣。英義協定全文於昨日發表，歐局當漸趨安定。八時卅分往官邸，擬繕致唐少川先生一函，呈委員長簽署發出之。十時歸胭脂坪，修改軍官訓練團講演稿一篇，午後修改臨時全國代表大會開幕詞一篇，核閱本日文電十餘件畢，遂無暇及他事。六時到官邸，汪先生、孔、張兩院長、王外長、朱秘書長來會談，並晚餐。八時歸寓，與學素談青年團事。十一時寢。

4月20日　星期三　晴

七時起。擬蔣、汪兩總裁覆中國青年黨代表書稿，並就彼等送來之函稿擬具意見，函岳軍商左君等修改之。委員長命搜集黃帝制作中有關兵制兵法之書籍，分交張劍鋒、徐道麟兩秘書搜訪。向午道麟來談，旋驪先亦來談參事室及中央秘書處近況。琢堂、新之、月笙等來訪，又張延齡來訪，午後到官邸一轉，知委員長將以王雪艇繼任參事室事。傍晚向坊間購買歸震川評點之陰符經及握奇經呈閱。核閱文電十餘件。夜讀書，至十一時寢。

4月21日　星期四　晴

七時卅分起。八時至官邸謁委員長，知將有某處之行。接洽諸務，命余留守。九時吳自堂、李贊侯、王雪艇來見委員長，代為周旋之。十時舉行侍從室會報，議決經

濟審查會規則，再交鄒副主任研究。十一時散會歸寓。阮
毅成來訪。旋君強來談。佛兄就余商宣傳部事，二時始
去。楚傖先生來話別，將請假赴重慶，與余談中央黨部今
後之趨勢，頗有隱憂。以制度更新，人事上之運用未臻完
滿。甘自明銳意自見，恐其太勇也。四時再至官邸謁委員
長，談十分鐘即歸寓。天氣又轉變，夜大雷雨，骨節作
痛。在寓讀書，化之、學素來談甚久。十時寢。

4月22日　星期五　晴、下午陰

　　七時起。處理私人函件十四、五通。十時約任天過
武昌晤談五十分鐘。任天此來意在覓事，然不得不敗興歸
去，其意不無怏怏也。汪先生送來電文，為黨務委員事，
囑拍發前方請示，以不甚重要，留待面呈。十一時卅分力
公來談，午餐後始去。午後骨痛更甚，神思鬱鬱不樂，小
睡太久，起覺頭痛異常。核改砲兵學校軍官訓練班畢業訓
詞，又核閱文電二十件（今日來件特多）。對於預定擬改
之黨務改革案稿竟不及著手。晚餐畢，決赴漢口小憩。先
至蘭陵路訪建華林君，旋至太平洋訪曾、左、李，談至
十一時卅分回黃陂路宿焉。

4月23日　星期六　陰雨、轉寒

　　晨六時卅分醒，七時卅分起。以體力終覺倦怠，故
不能早起也。發私函數緘，又覆求姪一函，寄允默卅三號
函。八時卅分琢堂先生約早餐。餐畢為蔣夫人改撰母親節

獻詞，至十一時卅分脫稿。乃將委員長在中央全會關於黨
務改進之講稿努力完成其後段，雖極潦草，亦只能就此結
束。至於附件之圖表說明，只得俟芷町起草後再閱矣。二
時始進午餐。餐畢小憩，天氣轉涼，至三時卅分始醒。訪
佛兄未晤，訪力公夫婦，談甚久。邵夫人擬為細兒作伐，
五時辭出渡江回武昌，渡輪中風甚大，回寓已五時卅分
矣。核閱文電十五、六件。夜無事，作私函數緘，接碏
十六號來函，閱百二十子至十時卅分就寢。

4月24日　星期日　陰

七時起。知委員長已回來，即至官邸報告汪先生來
函之二事：

一、為黨務委員訓練委員事；

二、為左舜生等來函。

奉諭詳閱後決定。退至辦公室，自誠來談前方情
形。九時卅分回寓，天氣陰鬱而寒冷，甚感不舒。李唯果
送來報告一件，係研究日本對蘇俄開戰之可性及我國對
策，乃審閱刪節而摘呈之。午後與芷町研究縣以下行政工
作及自治體之組織，討論一小時餘。今日精神殊不佳，心
思散漫，不知何故。核閱文電約十件。夜無事，亦不思工
作，唯讀書收心而已。十時卅分就寢。

4月25日　星期一　晴

七時四十五起。昨晚服安眠藥一丸，睡七小時。早

晨略覺頭暈，但不久即癒。今日氣候晴佳，亦不甚熱，精神殊覺軒爽。秋宗章參謀擬赴陸大入學，來余處話別，意極勤懇。十一時張彝鼎秘書來談，教育訓育委員會組織情形，並示余以訓育綱領草案，談一小時許而去。午後研究青年團訓練問題，搜集材料六、七種，彙合觀之，亦殊有意味。核閱文電十餘件，次要者均不摘呈，以委員長太忙也。五時到官邸，與林主任談戰局，知前方穩定。並見委員長，報告數事，又代朱秘書長有所請示。夜辦發新聞稿。十時卅分就寢。

4月26日　星期二　陰

七時起。近日心神不能寧定，讀舊書且摘記，冀收放心於萬一。十一時往南湖機場迎陳景韓君，岳軍亦同機來鄂，晤熟友多人。景韓略消瘦，詢其近狀佳否，率然答曰，無所謂佳不佳，但此身仍健在而已。十二時別景韓歸寓。午後林雲陔先生來談，約卅分鐘出，言遲滯特甚，此革命前輩，今亦垂垂老矣。旋方叔平君來訪，大談國際政治及抗日運動，言謙而有夸，意其視流，知心不寧一也。核閱文電十餘件後，因念景韓渡江訪之，暢談別來情形。至十一時佛兄伉儷來訪，又談一小時，覺略有齒痛，且疲甚。遂就寢。

4月27日　星期三　晴、下午陰

晨八時始起。昨晚以被服溫度不適，幾於整夜未入

睡，僅清晨四時至六時睡兩小時而已。以久不列席常會，
今日特往參加，討論國聯第一零一次開會時我方代表應取
之態度。王外長、孔院長及朱、王、陳諸君發言甚多。又
決定財政案一件。十一時卅分散會，約景韓同渡江。齒痛
不能復忍，且有微熱，乃囑景韓自去官邸。草草進餐，蒙
被而臥，仍不入睡。服安利納治一丸，五時五十分起。核
閱本日文電十餘件。夜十時寢。

4月28日　星期四　晴

晨八時起。齒痛仍未癒，兩頜浮腫，而體畏寒，諸人
均謂今日情暖，而余則覺四肢發冷，甚矣其憊也。靜坐無
聊甚，閱尉繚子及李衛公問對。午後又讀三略，皆假自鄂
省圖書館者。以委員長囑搜集古兵家言也。周天健副官將
出任特務旅團長，午後來話別。周君任侍從副官一年餘，
謙謹知禮，且善於肆應，於其去也，不勝惋惜。午後痛殊
未已，心煩不樂。核閱本日文電，並改定委員長致戰區黨
部及士民電，芷町所起草也。實之來談良久。夜應委員長
召，有所命，歸而傳達之，為掃蕩報事也。與化之談。至
十一時卅分寢。

4月29日　星期五　晴

晨七時起。齒痛未加劇，但腫仍未消。陸醫官來診
視，為配內服藥及塗敷之劑。十時到官邸與掃蕩報社長丁
文安、總編輯陳友生同見委員長。旋汪秘書來談。十一時

歸寓，核閱本日文電五、六件。午後二時敵機四十架侵
鄂，在武昌亦投彈，三時卅分始解除警報。探詢結果，敵
機為我擊落者十六架。四時公展來談，至五時餘別去。七
時佛兄來，今晚第十三小組會又停。八時至官邸參加會
談，到辭、立、屬、健、佛、澤諸人，十一時五十分始
散。歸不能睡，二時始入睡。

4月30日　星期六　大雨

晨七時卅分起。閱報知昨日武漢空戰，日機被我擊
落者凡重轟炸機十架，驅逐機十一架，我方損失五、六
架，較之二月十八日之勝利更為偉大。又郯城已被我軍克
復，敵死傷千餘人。魯南戰局，我方陣勢更見穩定，一般
市民紛紛祝捷，均極興奮。唯敵人在津浦線上仍大舉增
援，企圖打擊徐州，預計旬日以內必有更劇烈之戰鬥也。
連日小病之結果，精神極疲憊。午後氣候突變惡劣，潮悶
達於極點，骨痛更甚。在大雨淋漓中枯坐斗室，觀天雲如
墨，又不能作事，心殊煩躁。梁仲栗、李唯果兩秘書來談
甚久。委員長今日有手諭四、五件，均關於黨務及訓練
者，即辦發之。核閱本日文電十二件，改定通電稿一件。
七時卅分到官邸，參加星期會談，到岳軍、公博、力子、
君勱、子纓、騮先、佛海、雪艇、鯁生、季鸞、博生、豹
隱、希聖、芃生等十餘人。對日俄問題及國聯開會事商討
甚久。雪艇之言論最有價值。至九時四十分散會，十時回
寓。略進麵食，倦甚，即就寢。

4 月份回溯

本月共三十日。參加大會七次、審查會三次、茶會及招待會二次、紀念週二次、本室會報一次、參事會談三次、官邸談話五次、常會出席二次，計出席會議及會談二十五次。撰擬重要函電七件、改定談話稿二件、起草講演詞四件、修改訓詞雜文四件、改正講演詞五件、核轉外交研究報告六件，訪友七次、接見賓客約三十餘人。工作較前月份不相上下，唯體力精神大見減遜，幾有三分之二時間在小病中。正式請假者六天，亦未嘗完全休息。所患仍為神經之疾，骨酸腦痛特甚，而心思之煩躁不寧，與憂慮之無法排遣，則更引為痛苦者也。工作雖無貽誤，但應辦之件未能按時迅速處理，延擱二、三日者往往有之。每日用腦時間總不能超過三、四小時以上。間有三、四日能集中思慮以從事，則作事即見迅速順利。以此知余之體力、心力實依工作性質繁簡而消長者。本月末不能早起，是一大病也。

5月1日　星期日　陰、下午雨

八時起。以昨晚睡眠不佳，且氣候劇變，潮鬱特甚，故骨痛、頭痛均劇，未去參加紀念週，起坐治事，亦感不支。十時服安眠藥，就床小憩，至十二時十分始起。午後精神仍極不振，處理積件七、八件後，即不能再作事。徬徨室內，心緒至不寧。五時往謁委員長，承命起草致蔣百里先生電，出與蔣夫人略談，對於余日前為其改譯之母親節獻詞稱許備至，以為用字正確，而文字流暢，又不失英文原稿之真意也。返寓後核閱本日文電十六件。夜起草致羅馬電，至九時完畢。頭痛甚，遂寢。

5月2日　星期一　陰

八時卅分起。頭痛似未癒，閱情報多件，並繕發私人函札數緘。約治事一小時餘，而頭痛乃大劇，默坐靜養，終無法使其平息。探索原因當由氣候惡劣之故。十一時卅分佛兄來談宣傳事，午餐後談至一時始去。小憩一小時餘起，覺稍癒。俞大維、李唯果兩君來訪。俞君與余談軍費支出事，卅分鐘而去。傍晚頭痛又作。核閱本日文件約二十件，今晚委員長約辭修等會談訓練案，八時卅分前往列席，到辭修、健羣、兆民、厲生、佛海等五人，立夫請假未到。談訓練委員會及青年團事，又談宣傳部、組織部工作進行要點。十一時畢，即歸寢。

5月3日　星期二　晴

七時卅分起。今日心緒極不佳，悵念公私，無一而可。侍從室中服務精神，終無法提起。省吾諸人日漸頹唐，不以職務在心。對學素談話，正言切戒之，察其形色似甚不怡，此皆余平日寬縱太過之所致也。擬草某項訓電，久不能就。向午佛海、希聖來談藝文研究會。發港函兩緘。午後小憩一小時，頭痛口乾之症仍不癒。腸胃機能大損。今日為委員長見黨政人員之期，上午十時曾往官邸一視，未入謁也。李唯果、張齡、蕭化之先後來談。夜核改講稿一篇。自誠來談，對於紀錄技術上有所指示。十時召維庸來談，未許其請假。核呈外交件一。心煩思睡，十一時就寢。

5月4日　星期五　晴

五時卅分醒，六時十五分起。至蛇山散步四十分鐘，此為余到鄂後第一次在室外之散步也。歸後接允默來函。閱情報件以後擬交學素整理，擇要摘呈之。起草致各地軍政長官電稿。十一時果夫來談，約一小時餘，十二時卅分始去。午餐後略睡即起。改定陸大十六期及參謀補習班三期開學訓詞。對張秘書之文字技術以長函詳切指示之。並完成訓電稿，結尾未寫成。四時代見西北訓練團康天衢等五人，皆甘肅籍。李唯果來談，六時委員長約往談，指示及交辦之件特多，約十餘件。七時回寓。裘友莘君自滬來，談京滬偽組織活動情形，滔滔不已，直至九時

始去。夜與芷町研究交辦件。至十一時卅分寢。

5月5日　星期四　陰　八十度

七時五十分起。昨晚睡眠殊不安，以氣候劇變也。覆友人函二緘，發三十六號家書。八時卅分委員長招往談，命擬電稿一則為軍火事，口授要旨極詳。十時在官邸舉行會報，林主任及周、鄒均未到，討論案件四件，十一時十五分完畢即回寓。天氣熱甚，承辦昨日面命之件，未及其半也。午後小睡，至二時一刻起。擬成電稿（長九百字）送呈，已四時卅分矣。與果、展通電話。核閱本日文件十九件，又轉呈件五件。夜疲甚，頭痛又作，接蔣養春電話摘呈之。讀書至十時就寢。

5月6日　星期三　晴

昨夜大雷雨竟夕，屢次驚醒。六時卅分起。往戶外散步二十分鐘，回寓後改定代電稿五件，皆四日晚所交辦者也。九時到官邸，知委員長去軍官團訓話。與國華談呈送公文及整理之手續，十一時始回。逾十分鐘委員長約往談，命與錢主任商某件宣傳品，十二時歸，甫擬小睡，又接電召，知某件內容又須更改，乃渡江到漢口面改之。錢主任留談一小時，又至黃陂路訪景韓，談一小時，五時十分歸。閱私函八件，核閱本日文電及呈送各件廿餘件。今日文件特多。七時驪先來談甚久，晚餐後去。九時到官邸，謁委員長，對某件作第三次修正，攜歸細閱。與佛海

兄略談，閱定交繕，已十一時卅分。即就寢。

5月7日　星期六　陰　七十度

五時廿分醒，六時卅分起。昨夜服阿特靈一片，但失眠仍劇，頭暈異常。七時卅分到官邸，對某件作第四次修正，歸即分飭金、王兩書記繕正，至十一時卅分始畢。派金書記送往航委會，交飛機散發之。十一時四十分周枚蓀來談中政校事。午餐後疲甚，亟須休憩，服EVIPAN一劑，乃得三小時之睡眠，四時始醒，核閱本日文件二十餘件。公展兄來談。五時佛海來共談今後之宣傳與教育。七時到官邸會餐，舉行星期談話，到十七人，以討論國際形勢為主，九時散。與唯果及自誠略談後即歸寓。閱書報至十一時卅分寢。

5月8日　星期日　陰

七時卅分起。昨晚未服藥，二時後始入睡。八時卅分到官邸，九時參加紀念週。今日到者有幹訓班人員甚多，約五百餘人。委員長訓話：

一、外交應以抗戰利害為前提；

二、戰後任務信益艱鉅，應造成百萬貞固之黨員。

約一時始畢。十時卅分回胭脂坪，頭暈大作，兩頰作痛，欲睡不得，痛苦異常。下午仍極疲頓，神思鬱悶之至。溯中兄來談出版界情形甚久，酬對間遂有怠容。四時蔡孟堅來，談將官班訓練情形。五時起核辦本日來去電卅

餘件。夜摘呈汪先生函（為社會民主黨楊賡陶來函事）。
服瀉藥後，十時就寢。

5月9日　星期一　陰

　　晨七時十五分起。以委員長渡江祭王故師長銘章，
為預備祭文，時間匆促，至以為苦。卒以劍鋒之助，於八
時卅分交去，未誤時也。今日予身體又感寒熱，忽忽不樂
者竟日。中午唯果、君強來商公事甚久。梁仲栗亦來商職
務。午後枕琴先生來談甚久。又處理友朋函札若干件。接
默碚二十號函，悲憂之氣溢於紙墨，令人惆悵無已。傍晚
鬱悶心跳，幾不能自持。與學素出外散步，在省黨部前公
園左右徘徊久之。歸來乃愈感抑抑，且不能進食。夜服安
利納治始稍已，遂未參加會談。八時後似見平復，覆默函
（卅七號），十一時寢。

5月10日　星期二　晴

　　晨六時卅五分起。昨睡多夢，知近來心理現狀複雜
極矣。午前除閱報外未作事。十時鄒敭公來言，將慰問傷
兵，請為委員長撰官兵慰問詞。十一時代見立法委員葉夏
聲，談卅分鐘始去。公展來，未晤也。午餐時佛兄來談中
央日報改組之計畫甚詳。午後小睡，醒後往見委員長，見
其甚忙，僅報告十分鐘即歸。核閱本日文電約十件，其普
通者芷町逕發之。請陸醫官注射葆生水。夜九時奉命往
見，有所指示，歸後與長沙張主席通電話，值外出，未接

通。十一時卅分寢。

5月11日　星期三　晴　七十八度

　　晨七時五十分起。今日氣候晴爽，亦不甚熱，腦病及骨痛均見輕癒。午前核閱情報等件。九時五十分渡江，舟中遇屬生、雨農二君。十時同至河街四號開青年團籌備員談話會，到二十人。十二時畢，即回武昌。二時代表委員長至東站送鄒海濱先生行，到站太遲，僅得一握手而已。李秘書及新任於組長（名達，字平遠，黃岩人）來談甚久。旋約化之來商情報處理之手續。核閱文電十餘件。夜覆大姪函。讀書至十一時寢。

5月12日　星期四　晴

　　晨六時五十分。整理積件，發大哥孟姪及王雲五等諸函，並審閱關於青年團各件。十二時到官邸，接待張伯苓先生，談及其子錫祐空戰殉國，張先生竟謂命其學空軍時即在意計之中，毫不悲戚，殊為感動。午餐後歸寓，四時委員長赴前方，以魯西戰況甚劇也。蕭化之來談甚久。傍晚驪先、實之先後來談。七時渡江，到立夫家晚餐，開小組審查會，到林冀中、鄭彥棻及余四人。就國務推選計劃有所商議，認為此時不必擬訂，唯有若干先決問題應先決定。推立夫起草，約明晚續商。十一時歸寢。

5月13日　星期五　晴

七時卅分起。今日天氣又轉熱，殊覺疲頓，在漢寓休息。王卓然（迴波）君來訪，談西安事變中之軼事。謂由臨潼同車伴送委員長者實為劉貴五，白鳳翔騎兵師之團長，非唐君堯，今劉貴五已殉國矣。汪日章秘書來談約一小時許。接委員長自前方來電話，轉述命令於何部長。午後小睡起，到羅吉飯店訪程滄波。晤開先、百川、羲農諸君。滄波甫自香港來，談在歐六個月之經過，至五時始別。外出理髮歸，熱甚，呼水洗澡。晚餐後八時到立夫寓開小組審查會，到立夫、彥棻及余三人，起草青年團組織訓練要旨，逐條詳酌，至一時十五分畢事。就寢已二時矣。

5月14日　星期六　陰雨

晨七時卅分起。今日氣候稍涼爽。八時出席國防會議，聽外交、軍事、財政報告，商決例案四件，十時散會。十一時渡江返武昌，舟中晤陳伯南將軍，為余談粵省實業建設。十一卅分回寓，接委員長前方電話，知明日不能到漢，即以電話告驥先，並商入黨名單矣。午後小睡，以天氣陰沉，貪睡至三時始起。處理本日文電十五、六件。胡適之來函，為借款事，即以原電轉孔院長。傍晚擬赴漢口未果。夜靜坐讀書，使雜念歸於寧靜。十時後洗澡，就寢。

5 月 15 日　星期日　晴

　　七時起。今日擴大紀念週在珞珈山軍官團舉行，故未往參加。在寓獨坐，只覺心神不能寧定。學素來談青年團事甚久。彼對此事似極有興趣。九時發致委員長一電，閱情報工作多件，均關於軍事者，移送第一處辦理之。午後熱甚。張彝鼎、徐學禹兩君來訪。閱讀桓譚、仲長統、王充等雜著（皆百二十子內所收者），如此讀書，覺無甚意義。傍晚核辦本日文電十件。以居室久不掃除，督役清理之，並整理書案，至夜九時始畢。十一時就寢。

5 月 16 日　星期一　晴　八十度

　　七時五十分起。天氣轉燠悶，精神不舒，喉頭發炎，牽動腦際神經，作痛甚劇，因之不能作事。摘呈錢端升君外交報告一件，十一時力子來談中政會各專委會改組事，並及黨務宣傳等事，午膳後始去。力子以為張國燾之文字不妨在報端為之披露，以其與他人之立場不同也。農民銀行王伯天行長來談，交來一亭、琢堂呈委員長各一函。為蔣夫人改正盧山女界談話會講演詞一篇，又撰發新聞稿一則。聞前方戰事甚劇，與慕尹通電話一次。午後辦本日文電十六件，來文漸多。夜讀書，以喉疾未癒，十時寢。

5 月 17 日　星期二　陰　七十六度

　　六時十分起。今日覺喉頭隱隱作痛，飲食均減，且牽及腦神經，頗不自在。擬撰特訓班四期生畢業訓詞，久久

未能成，以簡電覆之。傍午辟塵來談，寄下藥物，祚所遺
也。午後天氣轉涼，喉痛仍不止，延陸醫官診視，謂係扁
桃腺發炎，用藥漱口，亦未見大效。核閱本日文電約二十
件。改定壽頌一件，蔣先生祝汪夫人母衛太夫人七十生日
所用也。六時卅分晚餐後偕芷町渡江（舟中晤何雪竹），
夜宿漢口，與佛兄等談。至十一時始寢。

5月18日　星期三　晴　七十三度

　　七時卅分起。昨晚睡眠較酣適，今日天氣涼爽，故
晨起精神較佳。八時到中央銀行，出席常會。雪艇仍因病
未到，外、財兩長相繼報告國際援助事，聽者均為失望。
討論例案三件，又商談對政治結社問題之態度。十時餘散
會，到岳軍家小坐，談各黨派問題，參政會問題及邀請黨
外名士入黨問題。十一時卅分渡江歸武昌。接默二十二號
函（十二發）。午後陳柏青君來訪，談青年訓練問題。核
閱本日文電十四件。傍晚到公園散步。夜九時卅分寢。

5月19日　星期四　晴

　　六時十分起。覆九妹函，附去細、憐一函。九時卅
分到官邸，十時舉行第六次會報，到鄒斅公、陳希曾、佛
海、芷町、方之及二組彭參謀，通過經濟審查會規程第三
條之審查秩序，並決定以後各小組會議均於星期一至星期
四開會，星期六十時前須將紀錄整理完畢，送交審查人，
十一時十分散會。與佛海略談，即歸寓。聞前方戰局穩

定。閱情報數件，送二組核轉之。午後讀民族詩壇月刊及鄭學稼之論文，覺傷風發冷，甚不舒。核辦文電十四件。晚餐後散步一小時歸。洗浴，十時寢。

5 月 20 日　星期五　晴

六時四十分起。發四十號家書，聞徐州以西戰事劇烈，我軍已奉命退出，但撤退情況甚整齊，唯廿一師情形尚不明瞭。九時敤公來談，今日擬遣一參謀赴前方，整理文件，囑其帶呈焉。十時卅分滇代表王吉甫來訪，談滇軍出動事。十一時滄波開先來訪，旋公展來訪，均午餐後去。三時芷町送來縣以下黨政機構圖例釋要一文，略閱之。四時渡江到漢口河街四號開會，商青年團規程。七時卅分始散會，乃決定宿黃陂路。夜君誨先生及友莘、威仲過談。十二時寢。

5 月 21 日　星期六　晴　七十九度

七時四十分起。昨夜為蚊子所擾，二時後始入睡也。八時到中央銀行，出席常會，聽取外交、財政及軍事報告後，決議例案三件，又通過中政會各專委會名單。汪主席對目前大局有極詳盡之剖析，思深慮遠，座中聞者均為感動。十二時散會，渡江歸胭脂坪。午餐後小睡一小時餘，補足睡眠，精神稍爽。三時張國燾君來談抗戰建國與團結，約一小時許始別去。處理本日文電二十餘件，閱情報十餘件。傍晚散步卅分鐘。夜未作事，十時卅分寢。

5月22日　星期日　陰晴　七十五度

六時卅分起。閱情報十餘件，至八時許忽又覺骨痛神疲，不能支坐，乃就枕小憩，至午猶未已也。張維城君來訪，談陝西財政，並請見委員長。婉謝以不必親謁，有意見請書面陳之，然彼似不省，蓋其意在有以自見也。實之弟來談中央黨部事，午後改定傷兵慰問詞，官、兵各一種。處理本日文電十餘件。得國華來電，尋常件不必送呈。七時外出散步五十分鐘，始覺胸次稍爽。劉海泉先生來訪，對余病極關切，勸多運動，省思慮。夜十時就寢。

5月23日　星期一　晴　七十七度。

六時二十分起。近三日來身體似略有進步，但仍不免有骨痛、頭暈之現象。因昨日劉海泉先生之勸告，今日決計靜養不作事。午前閱雜誌四、五冊，覺鄭學稼之文字技術極可愛，是新興論壇上擅有攻擊技能之健將也。接三兒來函，即覆之。午刻溯中兄來邀同午膳，談參政會、青年團、出版自由及經濟、教育等諸問題，至二時始去。予覺倦甚，但不能入睡，服阿特靈半片，始沉沉睡去，比醒已五時矣。處理文電十件，出外散步五十分鐘。夜十時卅分寢。

5月24日　星期二　晴　八十一度

六時十分起。今日氣候轉熱，骨痛、腦痛之症又作。近一週間，常間一日作病，如十八、廿一、廿三較爽健，

而十九、二十、廿二、廿四則諸病又作，真不明何故也。覆允默一函（四十一號）。十時卅分滄波來談，去國半年，所望有過切處，殊難滿其意。十一時希聖、佛海先後來相共午餐，餐畢談至二時始去。小睡未合眼，三時卅分起。姜穎初來談陝西近況及青、寧、新軍政之大略，兼及青年團事。劉愷鍾亦來談青年團事，可見外間對此團注意極矣。傍晚出外散步一小時。夜十一時寢。

5月25日　星期三　晴　八十一度

六時十分起。改擬世界學生代表團接見詞。八時渡江至漢口，列席常會，本日僅有報告，無討論案，王外長報告德顧問問題。綜觀近來外交軍事形勢並趨緊急，散會後到汪先生處談參政會等問題約一小時。又至岳軍處談國際變遷及輿論趨向，岳軍近來似頗受張季鸞等之影響。十二時歸武昌，今日氣候較熱，而余乃患傷風。午後小睡極不寧。吳徇君來訪，略談而去。傍晚偕學素散步。核電八、九件，致電前方者三件。十一時寢。

5月26日　星期三　晴　七十六度　午後晦冥大雨

六時五十分起。整理旬日來之參考消息及廣播電訊等，以備呈閱，因聞委員長今日可歸也。十一時續得消息，謂將有雞公山之遊，需今晚可到云。乃招鄭書記來，將呈閱各表重加整理，擬分數批呈送之。今日忽然患腹瀉，上午瀉十一次，初以為未消化之渣滓，繼以水瀉，午

後疲頓不堪，似有微熱，且鼻腔發炎，殊痛苦。接四弟、八弟各一函，又碚廿五號函。五時卅分委員長自鄭州歸來，面容消瘦，前方勞瘁可知，然精神極佳。即向之報告外交件及參政會等事。七時歸寓，夜仍腹痛，十一時寢。

5月27日　星期五　晴　七十五度

六時卅分。覆四弟及曉峯各一函。閱情報十餘件。九時到官邸，聞前方收復蘭封，戰局漸好轉。十時張、朱兩秘書長及汪先生均來謁委員長，十一時始去。改講稿一篇。與唯果、化之談國際形勢，十一時卅分歸寓。午後小睡起，似覺精神較昨日爽朗，想係氣候晴燥而又不甚熱故也。今日芷町病假，文電均親自處理，幸只十二、三件，尚不費力。四時後王文伯、李立侯、劉海泉先後來訪。七時外出散步卅分鐘。夜發家書。十一時寢。

5月28日　星期六　晴　八十二度

七時起。以時計損壞，且早上較涼，昨夜未熟睡，故遲起。七時四十分到官邸一轉，八時渡江至漢口，列席國防會議常會，僅有報告，無討論案。十時散會，到汪公館，會談關於參政員候選人之整理辦法，到岳軍、公博、力子、雪艇及余共五人。談約三小時，即在汪公館午餐，二時渡江回武昌。天氣轉炎熱，疲甚小睡，至四時醒。處理文電十六、七件，汪榮章來訪，為函介於政治部。七時卅分到官邸舉行星期會談，晚餐後在草坪上圍坐續談二小

時，所談者為日本易閣之研究，十時卅分寢。

5月29日　星期日　晴　八十二度

　　七時起。閱情報十四件，發私函四緘，為蔣夫人改定婦女工作討論會開會講演詞一件。陳方之君來談良久，均為人事請託之件。此君好攬此等工作，亦其生性然也。閱教部所擬改進大學教育之計畫，覺其規畫太重形式，有如法國市政之規畫道路，與實際恐不相合。午餐後天氣轉悶熱，小憩至三小時始醒。委員長招往談，以青年團團章交余轉致陳辭修，並詢討論經過，為詳陳所見以對。祁雲龍、周枕丈、周枚蓀兄等來談。今日精神頗軒爽，治事不覺疲。傍晚散步四十分鐘。夜十一時寢。

5月30日　星期一　晴　八十七度

　　五時四十五分起。致立夫函，陳述對於高等教育案之意見。校閱重繕講稿一篇。八時卅分到官邸，晤白副參謀長。九時參加擴大紀念週，到中央黨部工作人員及各院部高級長官二百餘人，委員長講演今後黨務改進之要點，歷一小時十五分而畢。與驪先同歸胭脂坪，談中央秘書處各事。十一時宗武來談，佛兄亦來同午餐。餐畢午睡至三時始起。閱情報，處理私函畢，四時去官邸，有所報告。奉命發程司令長官一電，又核辦文電十五件。晚餐後八時卅分，到官邸會談青年團事，直至十一時始散。歸寓洗澡，即就寢。

5月31日　星期二　晴　九十一度

　　晨五時四十分醒，以甚疲，思多睡一刻，但不入寐，七時四十分起。余自二十七以後，身體精神顯有進步，方自欣幸。然昨晚失眠，今又鬱熱，遂又感頭痛不舒。今日天氣轉熱，大有盛夏景象，正午溫度達華氏九十二度，為本年第一日最熱之天，終日流汗不止。居室東窗，早晨日光正射，使余不能作事。移居學素之室，乃覺稍爽。擬改撰講稿，乃審閱數遍，艱於動筆。十時委員長約往談，以中央政校各事面為報告，承命擬國外覆電一則。退至會客室與劉海泉、甘典夔諸君略事周旋，即返胭脂坪寓。農行主任洪寶臣攜陳景韓函來訪，略談而去。為委員長擬就覆電，擱筆不勝嘆喟，蓋物質缺乏，待濟甚切，不覺形之於筆墨矣。胡子清先生見訪談明德學校事，忽聞防空警報，知敵機大批襲鄂，十二時偕至軍需署地下室暫避，直至一時卅分始回寓。午餐畢，子清先生留談甚久而去。小睡不能熟寐，三時二十分起，周炳琳君來訪談甚久。傍晚核辦文電十八、九件，情報九件，外出散步卅分，八時晚餐。夜作家書四十三號，熱甚，不能用腦。十時卅分寢。

5月份之回溯

　　本月共卅一日。出席紀念週二次、缺席三次、參加常會六次、會談及會報四次，又本室會報二次、籌備會及審查會五次，見客四十八人、代見賓客六人、訪友五人，

核改講詞五篇（內二篇為蔣夫人之講演）、改完畢業刊詞二篇、慰問詞二篇、告世界學生書一篇、改擬應酬文字祭文壽頌各一篇、改定宣傳品一件、擬重要電稿七則，又改定代電稿五則，此工作之大概也。自十三日至二十六日，委員長出發前方，余未隨行，事較清簡，而心不能寧定。雖間亦溫讀舊書，隨手取閱，漫無定準，未能有益，徒亂神思，後當戒之。本月余之身體承上月多病之餘，仍復諸患迭作，初則腸胃不暢，頭痛口乾；繼則傷風畏寒，又兼以喉頭發炎，最後又患腹瀉數天，直至二十七日以後始逐漸轉好。然至卅一日氣候驟熱，又感不支矣。綜計此一月中，精神軒爽堪任工作者不及一星期，其憊如此，後將何以為繼乎。此月中常於傍晚出外步行，接見賓客亦多，此為較前月進步之處。

6月1日　星期三　陰　八十四度（傍晚八十二度）

　　七時起。今日天氣突轉涼爽，且昨晚睡足六小時以上，故精神頗舒暢。余之身體實完全以氣候為轉移也。方之來談半小時，詢其攝生強體方法，但漫應之而已，為之怫然。九時起，專心核閱調整黨政關係之講稿。今日較能用心，又核改芷町所擬之圖例釋要，至十一時五十分完畢。中間因客來，間斷約一小時。午後小睡極酣適，至四時許始起。核辦本日文電十六件，閱情報等八件，傍晚散步卅分鐘。接允默碚二十六號函（廿九發）。夜無事，準備撰擬材料，十一時寢。

6月2日　星期四　陰　八十度（午後七十六度）

　　六時四十分起。今日氣候較昨更涼，但余忽覺頭痛，神疲，或係氣壓轉變之關係也。八時奉召往官邸，有所詢問，並交下核定講稿一件。十時舉行本室會報，除林主任外均出席。議決案三件，十一時十分完畢，即歸寓。午與芷町同餐，始憶今日為舊曆端午節日。接七弟及皋兒來函各一件。午後小睡至二時卅分起，覺身體異常不舒，與學素出外散步四十分鐘，遇雨而歸。今日為複閱講稿，費去二、三小時，寄中央黨部印發之，皆四月中所講者也。處理文電情報約三十件。夜疲甚，十時卅分寢。

6月3日　星期五　晴　七十八度

七時卅分起。以昨日精神不佳，故多睡片刻，以補足之。接劉健羣函，並親函委員長，辭去一切職務，離漢他適。此亦一「受不住刺激」之有心無力者，閱竟，為悵然不怡久之，即往攜呈焉。九時舉行國防會議第八次全會，到卅人，委員長有重要演說，會畢已十一時卅分。與汪先生略談即歸。接次行來函，午餐後小睡一小時餘，頭痛仍未癒也。核辦文電十餘件後即渡江，至汪公館會談參政會事，到岳軍、力子、騮先、道藩、公博諸人。七時完畢，即至汪公館晚餐，張伯璇、王懋功同席。九時回武昌，應召到官邸談話，回寓擬談話稿畢，洗澡就寢，已十二時矣。

6月4日　星期六　陰　七十五度

昨晚二時後始入睡，晨六時即醒，七時起。接委員長電話，命查檢某件，即呈覆之。以睡眠不足，覺頭暈異常。十時西亞來談，備致懇款，並勸余及時攝養。多年故交，故應關切至此，客中得此，聊以自慰。今日屏除百務，撰擬某項書告，顧不能專心，僅搜若干材料而已。午後小睡二小時起，仍覺疲煩。楚傖來電話，亦只得謝絕之。參事會談亦請假，未參加。傍晚核辦重要文電十二件，餘均芷町辦發之。夜開始撰文，未就。十一時就寢。

6月5日 星期日 陰 七十四度

七時起。摘呈情報數件。今日紀念週在珞珈山舉行，未往參加，仍在寓準備文字。思慮散漫，不能集中。魏祥春君攜貞柯函來訪，擬在漢覓工作，婉勸其歸去，以其體力難堪困苦也。十二時卅分到省府，晤葉楚傖先生。一時參加蔣、汪兩總裁宴省市黨部同志之宴會，三時完畢。古達程攜來婦女談話會宣言，為修改之。又摘呈譯稿一件。四時卅分偕宗武同謁委員長。五時卅分歸胭脂坪，宗武談至六時後始去。核辦重要文電六、七件，蕭化之來談，聞敵機將大舉轟炸武漢，此勢有必然也。夜繼續準備草稿，直至十一時寢。

6月6日 星期一 陰 七十三度

七時起。八時應委員長約到官邸謁談。奉命約宗武再來見，並口授要旨，囑準備對外談話稿。又命草擬慰問廣州被炸同胞電文，九時卅分歸胭脂坪，分別辦發之（談話稿錄要點送王雪艇主任擬稿）。又處理情報及私人函電若干件，核閱日本雜誌論文譯稿（有尾崎秀實長期抗戰之路一文），標點送呈之。至十二時卅分完畢，用腦太久，神經興奮，雖疲甚而不能寧靜，以致整個下午陷於徬徨煩倦之境。四時核辦本日文電七、八件，服藥小睡，仍不能成眠。夜八時到官邸，會談青年團事，至十時卅分歸。即寢。

6月7日　星期二　陰　七十二度

六時卅分起。發四十四號家書，告生活狀況。今日氣候特別潮濕，又感神經疼痛，極不舒。午前起草告青年書，僅書六百字，複閱之，幾不成字文，疲滯至此真可嘆矣。十一時胡子清先生來訪，十二時卅分到官邸陪客午餐。同席者張仲仁、胡子清兩先生及宋明軒將軍。委員長對胡、張兩老極表崇敬之意，三時卅分餐畢回寓小睡，未合眼。強起改定談話稿一則。又核辦文電十餘件，修改電稿一件。夜微熱，疲倦，十時寢。

6月8日　星期三　陰、下午晴　七十四度

七時卅分起。接委員長電話，詢諶小岑事，即查卷簽覆之。奉諭准其保釋，九時應召至官邸商談話稿，攜歸修改，仍送呈之。十一時繼續撰擬告青年書。葉先生來電話，工作為之中斷。午餐後小睡，神經緊張，不成眠。委員長又兩次來電話，詢談話稿事。四時再至官邸，又加入一大段，繕正後交董顯光君攜至漢口交與張秘書長商酌，五時歸。發憤起草將告青年書寫成，並處理本日文電八件。摘呈宣傳大綱，王雪艇所擬也。八時始得晚餐。夜出外理髮，到官邸一轉，十一時就寢。

6月9日　星期四　晴　七十五度

七時起。接岳軍來函，附修正談話稿，即攜呈委員長，並婉轉進言，請採納修正意見，結果蒙容納，核定發

下，即寄顯光發表之。歸寓繼續研究告青年書，覺尚有應
改進之處，蕭化之來談小組會議事，胡子清先生又來訪，
上午卒未得閒。午後小睡至二時廿分起。四時曹叔實君來
談一小時而去。處理本日文電十四件，核改中央黨部送來
之講稿二篇，寄實之弟轉還之。今日得六弟廣州來函，旬
日懸懸，為之稍釋。夜八時到官邸，參加會談，到辭修、
立夫、兆民、屬生諸君，十時完畢，歸寓，十一時就寢。

6月10日　星期五　晴　八十二度

　　六時卅分起。七時渡江至河街四號，參加審議會，
到楚、驌、博、力、雪、岳、道藩及予共八人，商定要
點，定明日午後續談。十時偕驌先返武昌，接黎叔電，知
望弟即可來漢，擬招其補亦僑之缺。今日天晴轉熱，午後
小睡起，更覺悶熱。核辦文電二十餘件，周枚蓀君來談中
政校事甚久，五時立兄來談教育及訓育方針，直至晚九時
始別去。奉委員長交下宣傳要點一件，囑送汪先生察核，
即發之，十一時寢。

6月11日　星期六　陰　七十八度

　　晨七時起。今日上午暴雨，天氣陰晦，下午雨止，
但極潮鬱，弱體極感不舒。詢陳清，知已入霉六日矣。
九時到官邸，委員長以港電示余，命代答之。即以航郵
寄次行轉達焉。處理公私函件十餘件，向午接蔣夫人電
話，一時再往官邸請示。三時渡江到河街四號開談話

會，到者同昨日，即在中央黨部晚餐，至九時卅分始散會。以時遲乃不過武昌，約佛兄至蘭陵路談話。為告青年書商榷內容。芷兄亦來談，至十一時五十分始別。即宿黃陂路，十一時寢。

6月12日　星期日　陰雨　七十七度

昨晚至二時卅分始入睡，今晨乃多睡補足之，故起身已十時許，此為數月來未有之晏起矣。接武昌電話，知委員長見招。十一時回至官邸，承諭知今晨紀念週講詞之大略，並謂不擬發表，即分別通知宣傳部國際宣傳處及政治部等機關。與白健生先生略談後歸寓。渡輪中與孔令侃君同渡，知其今日動身南行。處理私函十一件。今日午後戴子奇參謀長來訪，談蘭封戰事甚詳，謂桂永清軍長近在洛陽云，介紹之見林主任。接默第卅號信，言北碚居住之難，為之悵然久之。今日午後河街四號仍繼續開會，余以有事臨時請假，未參與也。天雨陰濕，不能用腦，改講稿一篇（對戰時幹訓班訓話），乃費三小時，其憊可想見矣。處理本日文電九件，夜不能作事，十時寢。

6月13日　星期一　陰　七十六度

七時起。八時卅分委員長招往談話，命查詢掃蕩報編輯有無更換及抗戰與文化、抗戰報導兩種刊物之內容。退以電話詢辭修，值外出，乃電詢佛海，並囑學素購閱該刊最近十期，以備呈閱。今日以昨睡不暢，感頭眩鬱悶。

十一時王德溥君來談陝省政務，李唯果秘書來報告見客情形。又河南黨員王晃字介一持力子函來見，暢談其對于革新黨務之主張，約一小時餘始去。午後小睡，而神思煩亂，不能入睡，至感徬徨，不勝痛苦。服安利納治後，傍晚稍癒。處理本日文電十一件。化之來談，夜八時參加官邸會談，十時畢，承命接洽鄂省府事。十二時寢。

6月14日　星期二　陰　七十四度

　　七時起。七時四十分委員長招往談話，面陳關於德顧問要求解雇之意見。委員長諭示告青年書第五度修改之要點。八時卅分回寓，招公展來，告以撰擬要旨，託其代擬。蓋我對此一文，費時十餘日，先後寫了四次，實不能再寫矣。十一時孟憲章（湖北均縣）、胡兆祥（文虎之姪）來謁均奉面代見之。發表翁達為第五組上尉書記。午後四、五兩組，同時舉行小組會，余未參加。三時小睡醒，與佛兄、唯果談，核閱本日文件六、七件。五時公展兄攜初稿來，為審閱修改訖。夜九時繕正送呈。神疲不能作事，十時寢。

6月15日　星期三　陰　七十四度

　　七時卅分起。八時至官邸，接洽關於青年團團章諸事，以電話詢辭修，半天不得接談，其忙可知矣。自誠送來紀念週講稿，為核閱而歸之。發寄允默第四十六號信。今日身體至感不舒，午後小睡，卻甚恬適。二時卅分醒，

知望弟已到，握談極驩，蓋已一年不見也。四時應召至官邸，改正告青年書。四時卅分汪先生偕岳軍來謁委員長，談外交及參政會事，六時始散。回寓核辦文電十件，夜與望弟長談至十時卅分。接辭修電話。十一時卅分寢。

6月16日　星期四　陰　七十四度

七時卅分起。八時委員長招往談，交下告青年書，囑再整理字句。適汪先生寄來參政員候選名單，及呈請核閱決定之應商之事甚多，遂留官邸發覆函，未及出席定期會報。至十一時卅分以名單託驪先帶回，遂歸寓。午後小睡，頭痛未入睡。三時攜稿往謁委員長，作最後核定，即交中央社發表。又團章亦經改定，定明日發表，分別函告辭修，碌碌至五時卅分始畢。核辦本日文電十餘件，閱定對波蘭某報發表之論文一件。今日囑學素往查圖書費，竟發見有存數不符之形跡，心殊怫鬱，余稽察不嚴，無可辭咎也。夜以日間過勞，腦筋疲痛異常，精神極壞。九時卅分洗澡畢即寢。

6月17日　星期五　陰晴　七十六度

七時卅分起。今日氣候陰鬱潮潤，以昨晚睡眠不佳，大感疲倦，起而復臥者再。午前本思強自支持，乃僅作家信一緘（致大哥），即不復用腦。不得已遂將諸事擱置。午餐毫無滋味，餐畢再睡，竟至五時始醒。忽驪先來談，攜辭呈一件，囑為轉遞。予堅勸其不可，並詳詢其

故。彼為我談黨部近事，大致感於辦事困難及決議案不能貫澈，辭意甚堅，強留辭呈而去，只得簽以原委而轉呈之。核閱本日文電六件，代簽西文函二件，夜與學素、祖望等談，十一時寢。

6月18日　星期六　陰　七十八度

五時卅分醒，不能再睡，六時廿分起。小坐讀書報，並閱委員長交下之團員須知稿。至九時許，乃覺今日病實未癒，頭痛欲裂，鬱悶異常，再睡再起，徬徨之至。午刻蕭化之偕郭沫若來訪，強起酬對，郭君丰采仍如卅餘，詢之知四十七歲矣。十載滄桑，不勝慨息。與汪先生電話中接談，為騮先事。午後頭痛、骨痛大作，上書請病假。本日星期會談亦未參加也。騮先又來談一小許，應對極疲乏。晚餐後偕望出外散步，接碚卅一號函，接皓兒來函。夜十時卅分寢。

6月19日　星期日　陰晴　七十八度

七時卅分起。今日仍請病假，未去出席紀念週。寄家書四十七號，述旅況。然不欲使默知我病象也。思利用閒餘為委員長審閱文件，反覆看三次，而心思終不能集中，以致一無成就。腦痛轉劇，真自恨恨。午後盧冀野君偕學素來訪，對民族詩壇刊物徵余之意見。略有商榷，以精神疲痿，不能盡責辭。傍晚招項傳遠君來談話，對亦僑不歸，甚致憤慨。今日核辦文電十件，普通件均芷町辦發

之。夜洗澡，服胃病藥，覺稍舒暢。十一時就寢。

6 月 20 日　星期一　陰晴　八十二度

六時卅分起，今日天氣轉晴，八時許見陽光，旋又陰曇，但較昨日為熱。午前囑學素、望弟渡江，往訪農行王伯天君，匯寄皓兒一百四十元。辟塵來謁別，將赴沅陵。十時唯果秘書來談委員長近日會客談話及昨日星期會談之內容。午後睡僅五十分鐘即醒。第十二小組開小組會，余移至鄰室。整理青年團團員須知與組織訓練要旨及蔣經國君二月間所擬之意見，至六時始畢，即簽送呈核焉。處理本日文電十餘件，夜與望弟閒談。十一時寢。

6 月 21 日　星期二　陰　八十度

五時卅分醒，六時卅分起。閱情報十餘件，平偽組織及寧偽十八日並有宣言發表，讀之堪為痛憤。午十一時卅分黃伯度偕楊雲竹及使館秘書胡（邁）君來訪。楊君甫於今日自港來漢，談我大使館撤退之情形甚詳，十二時別去。午後小睡，不能成寐，一時卅分即起。與佛兄談近事。三時往謁委員長，陳明銷假，旋又往談一次。然余病實未癒。傍晚核閱文電十餘件，疲極無力。夜作致宗武函，十時卅分就寢。

6 月 22 日　星期三　陰　七十六度

六時四十分起。八時發次行航函，又補一電。九時

卅分到官邸，委員長命擬關於保育青年，指導青年告全國
知識界書，略示要點，命起初稿。十時卅分公展來，商雙
七節發表文件，請其準備。旋道鄰來，談德國外交及彼志
願赴意國已有希望云，並談彼留學時期之經驗，午餐後始
去。午後準備文字，覺諸端甚繁，不易著筆。今日腹痛時
作，以腸部有障礙也。核辦本日文電十餘件。晚餐後與學
素及望外出散步。夜畏寒，十一時寢。

6月23日　星期四　陰雨　七十六度

六時五十分起。午前準備文字工作，屢欲起草，而
終不能寫一字，思路之雜亂，腦力之艱滯，真覺無以復加
矣。閱調查統計局情報，某黨對青年團之態度後，更感覺
此文之難作。午餐不思食，腦痛仍未已。午後閱情報十餘
件，敵閣故意放出和平空氣，又誣我求和，其計殊狡毒。
三時思平兄來談，彼今日甫自港北來，談至五時後始去。
滄波亦今日到漢，以電話與之談。夜腦痛仍不癒，而心思
煩疲，讀健羣來書，更為感喟。

6月24日　星期五　晴　七十七度

七時起。覆健羣一函。八時委員長招往談，囑舉薦
堪任宣傳處長之人選，以健羣來書請假一年之意轉陳，似
得許可。歸寓後，化之持小組會議紀錄來，唯果亦來談，
至十一時始去，蔡香泉來談，謂將任第○戰區政治部事。
午後小睡醒，自誠送來講稿四篇，初閱一遍，將新兵訓練

會議訓詞一件核改，而先送回之。兩謁委員長，一次談外交，一次談宣傳處人選事。核辦本日文電十餘件，閱情報十餘件。夜疲甚無力作事，洗澡畢，十一時就寢。

6月25日　星期六　晴　八十五度

六時卅分起。此五日來，黎明五時即醒，而疲甚不能起，老態漸露矣。閱講演稿三篇，至九時五十分完畢，方欲送出，而自誠又攜一篇來，真覺應接不暇，即為著手修改。工作未畢，立夫來訪，談情報組織事。余之工作又將加繁。立兄談約一小時，彝鼎來訪。彝鼎未去，滄波來，余乃草草將講稿閱畢，始克與客周旋。滄波以午後一時卅分去。就余談行止，亦一難決事也。午後疲煩懊悶，乃不可名狀。天氣驟熱，腦筋作痛。三時卅分至六時芷町以兩批文電送閱，又閱情報。七時卅分至官邸，參加會談，九時卅分歸。與李唯果秘書研究對新聞記者談話稿。十一時就寢。

6月26日　星期日　晴、有陰雲　八十二度

七時起。其實乃五時即醒，特不能起耳。仍覺頭痛神疲，蓋連日睡眠不足之結果。心中有擬撰之文字多篇，均無法動筆，又腦筋不能自主，每每牽念及之，無法驅遣，至為痛苦。午前作私函數緘，整理雜件。十時李唯果秘書來商改委員長對英、澳諸報記者談話稿，十一時畢事，即送夫人酌定轉發之。柏青兄來談，願參加青年團。

午後小睡僅一小時即醒，實亦未睡熟。與佛海通電話兩次，詢七七紀念文字，但迄晚未見送來。午後改委員長對美記者（赫斯德系）之紀念徵文。核辦本日文電十餘件。夜閱讀雜誌文字若干篇。九時卅分洗澡。十一時寢。

6月27日　星期一　晴　八十七度

五時醒，服安眠藥一片，再睡至九時始起。烈日滿窗，較昨為熱，但因睡足，尚堪支持。為發表談話事，擬往謁委員長，知適在會客，乃未往。聞德國將與我斷交，今日王外長往見必商應付此事也。十一時招李唯果秘書來，囑撰對某國報紙發表文字，商定大綱後始去。午後一時往見委員長，陳明塔斯記者提出之問題，即命擬答稿，歸寓寫成，四時卅分面呈核閱。奉諭應再修改，直至六時始畢。核閱本日文電八件，餘芷町辦發之。接卅三號來函（廿四發）。七時外出散步，夜改擬文字。十一時十五分寢。

6月28日　星期二　陰　八十六度

七時起。昨晚熱甚，且未服藥，幾於通夜未入睡，晨起覺疲乏異常，校正團員須知兩件，即寄陳辭修君。擬作家書，忽覺頭暈，乃再服安眠藥一丸，登床再睡，至十一時廿分起。洪膺壬君來訪，徐道鄰所介紹，談次知為善元之妻弟，佛矢先生之從弟，曾從軍北伐，畢業

於山西軍官學校云，談至十二時卅分始去。午餐後再睡
至三時起。委員長約往談，命擬雙七節告國民書，口授
要點，並交下答塔斯記者問一篇，囑研究修正之。六時
渡江，到汪公館晚餐，到公博、力子等七人，商談參政
會事。九時卅分歸。十一時寢。

6 月 29 日　星期三　陰雨　八十三度

晨七時起。今日睡眠仍不足，蓋昨晚不能入睡，中
夜看書，至一時始睡也。準備起草雙七節廣播演詞，搜集
材料，安排格局，以題目太大，轉覺去取之不易。古秘書
送來蔣夫人演講詞譯文一篇，為核改潤色而歸還之。午餐
後小睡至三時始醒。天氣轉涼，故嗜睡特甚。郭沫若來
函，送來告全國將士書，即為轉呈核閱。五時寄曾虛白，
附去塔斯記者談話稿。核閱本日文電十餘件。七時委員長
約往談話，交下告世界各友邦人士書，命複閱研究之。夜
準備起草，未果。十一時寢。

6 月 30 日　星期四　陰　八十度

晨七時起。昨晚雖服藥，而睡亦不佳，且腸胃又因
之不舒暢，真自恨恨。八時起，開始起草文字，並將告友
邦人士書複閱一過，寄鯁生、子纓兩參事斟酌之。今日侍
從室會報，請假未出席。十時至十一時勉強寫成一段。溯
中來談青年團事，又因中輟。芷町交余手諭之紙，為情報
會議事，又增心中繁慮。午後小睡，怔忡不已。接默卅四

號函，知北碚居處未定，閱之更不勝悵悵。今日真覺憂慮百端矣。四時後竭力澄靜思慮，開始起草全國軍民廣播詞。桂永清、崇基來訪，又中止工作，至七時寫四段。出外散步卅分鐘，夜努力足成之。十二時卅分始完稿。

6 月份之回溯

本月共卅日，參加國防會議全會一次、談話會審議會等共七次、官邸會談五次、宴會二次，校閱講演稿十一篇、整理修改講演稿及附件三篇、起草告青年書及告全國軍民廣播詞各一篇、修改談話稿及雜文等四篇、起草談話稿四件、核閱青年團書告二件、代夫人審閱修改文件四件、起草電稿令稿三件，見客約四十人。工作較之上月無甚輕重，唯身體精神較上月為遜，請病假者三天，煩惱怫鬱若甚病者八天，其餘均每日有小病，皆勉強對付過去。其精神佳爽，興趣積極者，亦僅三天而已。此月中陰晦之日居三分之二以上，氣候因亦不過熱，余之尚得工作如常者，亦未始非氣候之賜。唯因刺激傷腦之事太多，且不斷的有文字交撰，如告青年書一文，前後費五、六天，乃克寫成，既成又不能用，腦力之不濟，真無可如何也。腦胃常有障礙，睡眠亦不暢，又出外散步之機會亦較上月為少，唯望弟來後稍減寂寞耳。

7月1日　星期五　晴　七十五度（下午八十一度）

晨七時起。昨晚至二時許始入睡，殊覺睡眠太少。盥洗畢，校閱繕就之告軍民詞。八時卅分委員長電招往談，遂攜呈焉。告友邦書今日核定，即寄董、曾兩兄先交譯。向午倦極，研究調查總會章程。李唯果來談卅分鐘而去。午後小睡至三時起。立夫來訪，四時出席官邸之調查總會，到十一人，至五時卅分散會。歸寓與芷町談時局，憂慨無已。午後畏寒特甚，試之有微熱。接八弟、仲未書，夜無事，十時寢。

7月2日　星期六　晴　八十二度

七時廿分起。委員長招往談話，以告日本國民書及告全國軍民廣播詞交下，命再補充整理，即攜回修改，至午十二時卅分始完畢。又核呈王雪艇所擬之參政會開會演詞一篇。連續用腦五小時以上，遂大感疲倦，且神經興奮，欲小睡亦不能合眼。三時五十將各件攜呈，作最後核定。仍命與岳軍商酌之。歸寓致沫若一函，頭痛大作，六時卅分到官邸。岳軍自漢來，公博亦先至，相與複閱各文。兩君均以為措詞有應改為含蓄一些之必要。七時卅分舉行星期會談，至九時卅分始完畢。再與岳軍等商酌文字，至十時卅分始畢。十一時卅分寢。

7月3日　星期日　晴　八十六度

晨七時起。委員長約往談，對於告日本國民友邦書

命再修改兩段，固逆知必經無數次之增補也。八時卅分約
唯果來商，遂不及出席紀念週。九時後照昨晚所談者及委
員長面諭諸點分別增刪，至十二時卅分攜呈核定之。今日
上午客來特多，道鄰、仲栗、君強、綿仲均先後來談甚
久。午後小睡至三時起。委員長忽命令將各件於明日午後
印就，乃約范壽康君來而面交之。又為新華日報社論事與
宣傳部接洽。今日文電不多，傍晚改定講稿二件。竺藕
舫、胡剛復、張曉峯諸君來談。七時卅分晚餐，餐畢外出
散步卅分鐘。歸接委員長電話，命再修改告日本國民書，
即退歸寓。十一時寢。

7月4日　星期一　晴　八十七度

晨八時卅分起。其實六時醒，以昨晚睡未足，故倦
甚不能起也。午後頭腦脹痛，不能用心。李唯果秘書來談
卅分鐘。午後奉命改定參政會講演詞，又補充一段，均函
告雪艇主任修改之。並將雙七節應發表各件抄送中央社，
芷町擬就慰問死難殉職軍民家屬電稿，文字亦不惡，唯承
接處不甚合拍，間有無詞未愜當者，為悉心修改之。至六
時脫稿。渡江到漢口，參加汪先生家之談話會。到楚、
力、立、岳、博、杰、彭、甘諸人，晚餐後九時歸。即洗
澡小坐休息。十一時寢。

7月5日　星期二　晴　八十七度

晨七時卅分起。昨晚服藥，睡稍佳，但後半夜仍不寧貼。八時接委員長電話，索閱告日本國民書等印件及參政會演詞稿，十時始寄到，即往送呈。十一時與雪艇同時進見，略談即歸。聞湖口緊急，為之不怡。一時再往官邸，招待張伯苓先生午餐。午後二時始歸寓，小睡一小時餘。委員長招往，命改擬明日參政會開會詞，時間如此迫促，從何著手，真不勝焦急繁惱之至。至七時仍不能成一字，乃外出散步，八時歸，為寫成綱要，姑以呈核，總之，心力盡矣。一時就寢。

7月6日　星期三　陰　八十四度

七時卅分起。委員長以電話來詢講稿，實已於七時送呈矣。昨晚就睡後神經緊張，兩腦作刺痛，直至三時許始朦朧入睡。今日精神大不佳，以致參政會開會式不能前往參與。招自誠來，以講稿原詞（參事室所擬）授之，並囑其以病狀轉陳委員長。服安眠藥一丸，得睡三小時，午後又睡一小時餘，腦力稍稍回復，但有發熱之象，手心炙熱不思飲食，蓋心身交瘁矣。李唯果偕齊世英君來談，旋蕭化之亦來談。傍晚強自振作。核辦本日文電十餘件，並接洽明日發表之各件。自誠攜來參政會致詞之紀錄，即核閱送呈之。夜十時卅分寢。

7月7日　星期四　陰　八十六度

七時卅分起。今日為抗戰週年紀念日，武漢均設獻金台，由人民自動獻金。本室同人經小組會議決，每人不拘多寡，均親交獻金台，余以頭暈不能出行，乃囑祖望代為獻納一百圓。今日茹素一天，然此不過形式上紀念而已，將士同胞犧牲之慘痛，非任何儀式表示所能追贖也。今日天氣鬱悶特甚，余以積疲之餘，完全不能作事。午前力子夫婦來訪，談半小時而去。午後掃蕩報社長丁文安來談。傍晚核辦文電十四、五件。八時偕學素祖望出外散步，學素為汽車所撞，幾斷其腿，危險之至。十一時寢。

7月8日　星期五　晴、下午陰雨　八十二度

七時卅分起。以昨晚服瀉藥，今晨連瀉七、八次，腸胃積滯似已暢淨，但精神覺疲甚，腦痛更甚，眼皮亦作痛甚劇，幾不能閱書件。張齡送來同學錄序文一首，初閱一過，即覺眼眶作痛矣。今日又惡風畏寒，且不思飲食，病象甚複雜難明，然為疲勞過甚，則無可疑也。午後小睡一小時餘，三時起，意緒惡劣之至。蕭化之、李唯果來談，傍晚王芃生來談情報事，約卅分鐘。客去後，頭痛欲裂。以芷町之勸，偕之赴漢，謁林君診察，斷為重傷風。夜即宿黃陂路，上書請病假二天。

7月9日　星期六　雨　七十八度

八時卅分起。昨晚睡尚佳，但晨起後精神極度疲乏。

招望弟來漢，託其至農行匯款，分寄仲未、叔同各一五〇元，又匯渝寓二千元。作函兩緘，乃汗出如瀋，蓋虛弱極矣。十二時回武昌，午餐僅飲麥乳精一杯。午後熱度更高，週身骨節作痛。三時延陸醫官來診視，測體溫為卅八度半，處方二種，係治氣管炎及發汗者。陸醫謂余，至少應有五天休息也。李唯果攜覆電稿三件來，芷町亦以要電三則送閱，余竟不能核辦。夜八時卅分洗澡即寢。

7 月 10 日　星期日　晴　八十八度

八時起。昨晚睡中流汗甚多，今晨熱度似已退，但絕不思飲食，精神不振之至。十時聞空襲警報，旋即解除。唯果來言，其父在滬逝世，並告余青年團開始辦公情形，傾聽二十分鐘，談話時乃喘息不止。十二時滄波來，余只能靜臥以聽其談話矣。一時勉強進餐後，與滄波略談。旋小睡至三時起，天氣轉熱，但余畏風特甚，必係內熱未淨也。張曉峯兄來，又勉為酬對四、五十分鐘，並核辦重要文電六、七件。陸醫再來診，試熱已退，惟囑須再休養三日。夜呼水洗澡，十時卅分就寢。

7 月 11 日　星期一　晴　八十八度

八時五十分起。昨晚熱甚，不能睡，清晨四時許睡熟，發汗極多，故大感疲頓，腸腹又不暢，雖強起支坐，亦絲毫不能作事。委員長以今晨六時到青年團集臨時幹事訓話，並舉行會議，余先期請假，未與焉。閱報知參

政會中提案頗複雜，心實憂之，蓋今日所謂負時望者對實際情形隔膜至此，乃出意料之外耳。十一時昆明李冠東君（雲南日報）來訪，談卅分鐘去。為作介函二緘，覺甚費力。近日腕力亦疲弱，不能寫字矣。午後更熱，悶坐極無聊。傍晚李唯果來談甚久，余只漫應之而已。夜無事，十時卅分寢。

7月12日　星期二　晴　九十一度

八時卅分起。昨晚服安利納治二丸，睡至四時始醒。四時卅分再睡，故睡眠尚足，精神稍復矣。委員長批覆請假書，命靜養，但自誠送來講稿二篇，即待應用，遂提先審閱之。項傳遠君為居事來談，聞其所言，知無誠意，甚為不怡。十二時卅分敵機十餘架襲入武昌，在蛇山附近投彈頗多，中有一彈落十號附近，余在地下室內聞爆炸聲甚清晰，至一時卅分始解除，返室察視，則泥灰滿地，門窗多被震碎矣。滄波來避彈，事後匆匆即去。二時公弢來談，小睡不成眠。四時改完講稿，並撰政訓高級班同學錄序一篇。慶祥、驪先、立夫諸君先後來談，旋道鄰來談，核辦文電十餘件，夜無事，洗澡後覺疲乏殊甚。學素來談第五組事；望弟來談浙中親友近狀。至十一時卅分稍涼，即就寢。

7月13日　星期三　陰晴　九十二度

七時卅分起。接友人慰問函多件，蓋均聞胭脂坪附

近被炸也。午前仍覺疲倦未復,遂未出門。十二時接汪先生電話,言午前參政會開會時,參政員中對某項提案,有口角衝突云。午後三時續接汪先生來函,為駐會委員人選事,請委員長決定,即攜往官邸面請決奪。奉諭函覆之,並與葉、王兩秘書長通電話焉。李唯果、葉溯中兩次來談。傍晚核辦文電十件。接楊雲史君由港來函,謂余得事蔣公,為人間難得之遇合,他人故應如此相期。余殊愧其言。夜十一時寢。

7 月 14 日　星期四　晴　八十九度

四時聞警報即起,旋聞敵機在田家鎮等盤旋久之而去。五時卅分警報解除,疲甚,睡至九時許始起。聞警報又作,敵機九架到葛店等處,似有一、二架竄入窺探而去。十時至官邸謁委員長,略有報告。十時四十分侍從室舉行會報,除于組長外均出席,十一時完畢,與胡健中同歸胭脂坪,談浙事久之。溯中亦來談,午餐後始去。二時小睡至三時起。梁均默秘書長來訪。四時為委員長擬致某當局電稿二件。傍晚七時七弟自金華來,談至九時許。余覺甚疲,已就寢矣,枕公偕公戩來訪,談至十二時許始去。

7 月 15 日　星期五　晴　九十二度

七時卅分起。以昨晚睡太遲,頗覺頭腦脹痛,尚未酷熱,已疲憊至此,身體情形真每況愈下矣。處理私函

數件。閱董顯光送來文件，告印度人民書（未發）、致巴黎反侵略會電。十時聞警報，敵機到蘄春、黃石港一帶窺伺，旋入武漢附近，至十一時卅分始解除。午餐已一時許。小睡五十分鐘起。閱五日來之情報多件。四時劉炳藜君來談，為中央週刊徵稿。張曉峯偕胡維庸、繆贊虞來談，胡、繆兩君有允加入本黨意，談約一小時餘而去。核閱本日文電十餘件，均無甚重要者。公弢來談，至晚飯後去。十時卅分寢。

7月16日　星期六　晴　九十一度

六時十五分起。覆私函數緘畢，與七弟商談工作。八時卅分委員長招往談話，報告參政會閉幕情形，並命擬講演詞。九時卅分返胭脂坪，俟王興東君不至。十時十五分胡、繆兩君來訪，談大學生之訓育問題。十時卅分聞警報，偕入地下室暫避。敵機竄入漢市，在機場投彈，被我機擊落兩架。十一時四十五分警報解除，十二時卅分午膳。今日未及午睡，僅略一合眼即醒。為商討文字上委座函呈一件，三時卅分送呈，四時得電話，知蒙採納所陳之意見。委員長從善如流，殊可敬佩。五時曉峯偕梅光迪先生來訪，暢談教育與政治，至六時卅分始別去。核閱要電四件。夜甚涼爽，正擬早睡，乃十時許又聞敵機在鄂城、團風等處窺伺甚久始去。作覆楊雲史一函，並作五十三號家書。十二時卅分寢。

7月17日　星期日　晴　九十三度

晨七時卅分起。接青年團通知，始知余仍被指定為常務幹事，前次屢經陳明，仍未蒙許可，自審實無兼顧之精力，不勝煩悶。八時卅分核閱答美記者史諾之談話稿。陳組長希曾來談歡送參政員事。九時到官邸謁委員長，將談話稿面呈，並略有報告即回寓。以睡眠不足，覺倦怠無力，小睡補足之。午後呈辭常務幹事，並函蔣夫人轉為陳請。四時核閱本日文電情報十餘件，發表居亦僑免職之條令，以其請假太久也。七時偕學素、祖望游珞珈山。夜接蔣夫人電話，言辭職有允意。十一時寢。

7月18日　星期一　晴　九十四度

六時卅分起。七時到省黨部參加紀念週，八時出席青年團幹事會，討論要案九件。九時卅分散會，歸寓後倦甚（昨晚僅睡三、四小時，又患甚重之失眠），小憩四十分鐘。閱國際宣傳處所擬談話稿（對紐約時報記者問答），修改數段，即呈閱焉。十一時到官邸，招待賓客，與君勱、幼椿、慕韓及黃任之、江問漁、胡石青諸君談，並與林伯渠及周君同見委員長。十二時卅分歸寓，李秘書來談，午餐後去。午後天氣酷熱，室內達九十四度，為之頭昏。小睡至三時許起，核辦本日文電，約十件。與芷町談政府西移後處理各事之手續，發通啟十餘件。夜與望弟、七弟閒談。十一時寢。

7月19日　星期二　晴　九十三度

　　晨七時卅分起。其實六時許即醒，但疲甚不能起床。覆私函數緘。八時卅分委員長約往談。旋聞警報，遂至省府防空室暫憩，至九時卅五分解除警報。敵機今日在武昌、漢陽投彈數十枚，聞圖書館被炸燬一小部。十時卅分君強來談，摘呈文件數件。今日委員長約見參政員，余不及前往招待。發胡適之一電，徵詢其對駐美大使任務之意見。午後小睡至二時卅分。閱情報多件，核辦本日文電十餘件，約參事室秘書錢清廉來談。旋石信嘉來訪。夜佛兄來開會，談近事多可慨者。洗澡畢，十時卅分寢。

7月20日　星期三　晴　九十一度

　　七時卅分起。國防會議常會未出席。處理公私函十餘緘。十時接委員長電話，以青年團事函徵汪先生意見。作函甫畢，聞警報，敵機十八架向咸寧方向飛來，乃往郊外暫避。與望、素二人同至招待所之地下室，十一時回，中途又折返，乃決心在郊外休憩半日。山色湖光，於調劑神經甚有補益，游憩至午後四時回武昌，胸次為之一暢。五時渡江至漢口，訪龍志舟主席、龔仲鈞、繆雲台、裴存藩諸君，均外出未晤，仍搭原渡輪回。在輪次席晤樊崧甫軍長及張伯璇次長。六時卅分往官邸一轉歸。處理本日文電十餘件。八時到官邸晚餐，到二十一人，至十時餐畢，與岳軍、敬之久談之。十時卅分歸，十一時寢。

7月21日　星期四　晴　九十四度

七時卅分起。連日不能早起,皆因夜間睡眠不佳之故。今晨起身以後,更覺頭暈不支。草呈委員長報告一件,為青年團常務幹事人選事。又轉呈張元夫君一函。十時有警報,仍至郊外暫憩,並察視山中房屋,指示竺副官布置之。十一時五十分歸寓。今日熱甚,正午室內達九十五度,小睡不能醒,流汗不已。四時起審閱調查委員會規程各件,李唯果來談甚久,核辦本日文電十一件,並核改航空機械學校訓詞一件。夜熱甚,直至十一時始就寢。

7月22日　星期五　晴　九十四度

七時十五分起。七時卅分出席青年團審查會,審議團員須知。九時先歸,摘呈要件一件。十時聞敵機到羊樓峒,武漢發警報,入旁室暫避。十一時解除,乃往官邸出席調查會議,到八人。十二時卅分散,偕王芃生君返胭脂坪,共飯之後,王君與余談西南情形及處理情報事甚久。二時客去,小憩至三時四十分醒。今日芷町以事請假,文件均親自處理,計核改函稿二件,閱情報八件,核辦來去文電十五件。夜接港來青邱君報告多件,整理而摘呈之。九時洗澡畢,十時寢。

7月23日　星期六　陰雨　八十四度

晨七時卅分起。昨夜十二時前氣候鬱熱,向晨有風

雨，突轉涼爽。檢閱青年團各種已發之書件，準備對團員
訓詞之要點。十時希聖來談，偕至省府。旋龍志舟來謁委
員長，先在別室，由貴嚴及余招待之。十一時回寓，洪膺
仁君來談，為函介於胡宗南君。午後核文電十四、五件，
與於組長商防空室事。七時到官邸，參加星期會談，到
岳、博、雪、驄、佛、希、博生及廷黻等十四人，談日俄
關係及其他，至九時始散。歸寓後與望弟略談，即休息，
十一時入睡。

7月24日　星期日　晴、下午雨　八十五度

　　晨七時五十分始起。昨晚較涼，遂嗜睡晏起。接允
默第卅八號函，知晚梅兄以胃癌症在滬逝世，不勝傷悼。
晚兄落拓不羈，而清介特甚，如此善人，乃不永年，可傷
矣。八時卅分到官邸，口授要旨，命擬關於節約之電令二
則。聞贛北戰事漸緊矣。處理私函數件，研究青年團團
訓，並作港函。午後三時羅貢華來訪，談甘肅軍政狀況，
約一小時餘而去。四時將電令要點擬初稿，交芷町起草。
阮毅成將赴浙任民廳，來談至六時始去。夜為某事與學素
談，學素每逆己見，毫無同情之感，甚為不怡。十時卅分
就寢。

7月25日　星期一　陰晴、時有小雨　八十四度

　　昨晚中夜忽醒，久久不寐，清晨疲不能興，至八時
許起，遂不及出席青年團宣示禮，常會亦未參加，於心頗

覺耿耿。九時餘因思專心撰擬文字，乃往珞珈山，寓三〇三號。布置粗竣，亦勉可居住。四圍樹蔭翳蔚，蒼翠之氣撲人眉宇。惜余今日因氣候關係，骨痛神疲，心思不能凝聚，小睡兩次，亦未恢復，至四時尚不能成一字，真辜負光陰矣。五時驅車回寓，核辦本日文電十餘件，改定電令兩件，接仲鳴、佛海、岳軍、雲光諸人電話，發汪密電本。夜核改團員宣示訓話稿一件。十時卅分寢。

7 月 26 日　星期二　晴　八十七度

八時十五分起。昨晚服安維胖二片，得八小時以上之睡眠，精神似較昨日為佳。九時到官邸，見委員長，報告甘民廳等各事及岳軍、希聖託轉陳各節。談十五分鐘回，即至珞珈山休憩。中途聞警報，以電話詢之，知敵機擾田家鎮，旋即解除，知投彈後又飛回矣。今日前方戰訊轉急，在山舍休息，亦為之心神不樂。擬某項文字，仍未就。午後為羅君強事，四時回胭脂坪。夜佛兄來參加小組會議，談戰局形勢。佛兄去後，核改講稿「對青年團幹部訓話」一篇。十時卅分寢。

7 月 27 日　星期三　陰晴、下午有小雨　八十五度

七時卅分起。昨晚睡太遲（與望弟談甚久），晨起覺異常疲倦。核呈參事室研究報告一件（關於外匯問題之對策）。九時四十五分覺心思煩亂，乃驅車至郊外，途中聞警報，遂至招待所暫憩。十時二十分聞緊急警報，入防

空室避之，不覺入睡。十一時卅分解除，遂至山舍。一時午餐，餐畢小睡至三時醒。覆泉兒一函。四時回寓，核閱本日文電十件，核改訓詞：

（一）陸大畢業訓詞，

（二）警校三期正科訓詞。

轉呈君強簽呈一件。夜出席第十二小組會議訓話。十一時卅分寢。

7月28日　星期四　陰　八十四度

七時卅分起。昨晚睡仍不佳，且多夢，今日心思不寧極矣。翁率平君自上海來訪，宋淵源君亦來談，酬對約一小時以上。複閱對青年團宣示訓話一件，讀軍人精神教育，十時仍往山中休憩。有警報，旋即解除。敵機擾黃岡未入武漢。在山舍摘記團訓及黨員守則等。午後小睡起，閱情報。四時回胭脂坪，鍾竟成君來談，鍾君河北懷樂人，曾任江蘇縣長。核辦本日文電十餘件。接大哥十四日發函（附來五古一首，知相念甚切，讀之慨然）及碚卅九號函。晚餐後八時到省府，舉行侍從室會報，到林主任等九人，報告第五組圖書費結存一一、四四〇・九七元，決定八月份起停止支領。又討論議案三、四件，決以何參議先赴湘。十時公畢歸。十一時卅分寢。

7月29日　星期五　晴　八十六度

晨八時始起。昨晚睡不甚佳，一時卅分後始入睡。

清晨早醒，殊感睡眠不足。九時到官邸謁委員長，報告關
於德、意使節及港研究所等各事。又請示疏散侍從室一部
人員事。談卅分鐘辭出，驅車至郊外小憩，以補足昨睡之
不敷。但神經興奮，不能入睡，欲作事亦無心思，大有徬
徨繞室之態，蓋神經又疲滯矣。午後始獲一小時許之午
睡，起覆大哥一函。五時歸，核辦本日文電十餘件，覆函
三緘。七時過江，訪汪先生（舟中晤雪暄、厚甫、雪竹諸
君），承邀共飯，到公博、浩徐、仲鳴、佛海諸君，談至
九時卅分辭歸。十時卅分寢。

7月30日　星期六　陰晴　八十五度

晨八時卅分始起，昨晚服安利納治二片半，睡足八
小時，起床後尚覺藥力未消也。核呈調查報告三、四件，
發次行函及五十七號家書，十時後整理書籍文件，以備先
送出一批。積久未理，覺殊著手為難，擾擾數小時，至午
餐後繼續為之，至二時始畢事。張秘書來，命其先赴湘，
彼攜來蔥老一函，贈余畫箋四幀，固極可感，然亦閒情逸
致，不可及矣。午後未睡，傍晚乃感疲昏。核辦本日文電
十餘件，並與佛兄等及仲鳴電話接洽各事。六時卅分應天
民、芷町約過江，往美的冰室晚餐，同席者力子、高一涵
及鄒、徐兩次長。餐畢至蘭陵路小坐，視委員長石膏像，
十時渡江歸，核閱對參政員講稿一篇，歷一小時餘始畢，
就寢已十二時矣。

7月31日　星期日　陰晴　八十五度

七時許起。昨夜為改正講稿，就睡已十二時卅分。幸睡眠尚安靜，約有六時小時以上之深睡眠，故晨起尚不勉強。自十九以後，夜睡太遲，已成習慣，實應急為改正。蓋細思旬日來心思不能集中，工作不能迅速之原因，實皆由夜眠不安而起，而時局紛繁緊張，影響心理，遂致雜念紛起，亦為主要之原因也。今日為星期日，決計恢復寧靜之心境，以休沐日視之。盥洗畢後，靜坐半小時，安排本室先遣人員，以電話接榮寶澧，詢其近日工作情形，能先行否。屢次接不通，改以書函達之。此次疏散職員會報中，未作硬性決定，故甚難以命令指定。侍從室積習相沿，即此亦可見一斑矣。八時卅分章乃器君來謁（係委員長命代見），陳安徽省府遷立煌後之情形與財政狀況，並判明個人對大局、對中央之態度，談一小時後始去。余均唯唯頷之，而於談及黨務及特務時，則不能不直言指正之也。十時卅分天漸熱，到郊外小憩。榮寶澧來談，請俟將來同行，許之。午後小睡至二時卅分起，三時過武昌，到官邸謁委員長為新華日報言論有所指示。今日芷町請假，未到會，核辦文電十一件，皆學素初核。夜熱甚，不能作事。十一時寢。

7月份之回溯

本月共卅一日，出席會議十次，見客四十八人，核改宣傳文稿五件、詳改告友邦、告日本人民書各一件、核

改講演稿及訓話稿六件、核改函電稿之重要者四件、核改訓詞四件、序文一件、起草函電及電令五件、摘呈關於外交黨務等調查報告五件，訪友三次、赴宴會兩次、代見賓客及參加會客四次，過漢口三次。工作較前月稍簡，然身體精神在上半月殊不佳。自七月八日至十三日請假五、六天，雖仍照常在室工作，竟亦有兩日疲不能興，只能臥床休息，蓋腸胃與氣管支均病，而神經疲痛，則為工作過勞後之反應也。自敵機大肆轟炸後，心理上當然受影響，然尚能力持鎮定。但友人均紛紛謂所居處不妥，積久亦自生戒畏之心。至七月下旬，戰況漸緊，乃竟心思雜亂，不能自制，修養工夫缺乏至此，殊可愧矣。自驗膽魄一無增進，平時所以在外表上鎮定者，全由勉作麻木之效果，故他人之關切慰問，有時適以增余之煩悶也。此一月中，有一事足以特記者，即某次對外談話稿，竟以直言諍諫，得以中止，甚感領袖之偉大也。

8月1日　星期一　晴　八十九度

晨六時卅分起。擬赴青年團參加會議，以車有障礙，已過時間，遂未去。整頓心思，以一時卅分之時間，將團員入團訓詞稿寫成之（約九百六十言）。此文苦余一星期，屢次起草，而終不能就，今日寫之，亦殊不費事，既成自視亦尚警切，可見文字工作必於精神較暢為之也。又核閱工兵學校、砲兵學校畢業訓詞各一件。砲校訓詞太空泛，仍交張秘書改擬，供給材料。午後天熱，小睡不成眠，四時卅分到官邸會談，商宣傳問題，到雪、佛、季陸、君山、同茲、驪、立諸人。六時十五分散，佛海、同茲約過江。七時偕芷町同至漢口，到蕭宅晚餐。百里、公權、季鸞同餐。夜宿黃坡路，待驪兄久不至，與南昌熊主席通電話。十一時五十分寢。

8月2日　星期二　晴　九十度

六時四十五分起。盥洗畢，渡江過漢口，到胭脂坪，纔七時卅分也。核閱對倫敦紀錄報記者談話稿，凡問題九條，擬刪五條，其餘均加修改，即呈核。十時仍到郊外山舍暫憩，改定砲兵學校畢業訓詞一篇。午後小睡起，覺熱甚。四時仍返胭脂坪，核辦文電十四、五件，閱情報六、七件，王雪艇主任函送關於張高峯事件之觀察，簽明意見，即為送呈。唯果、自誠先後來談，唯果留余處晚餐。七時五十分德哥偕實之弟來訪，長談身世，至十一時始別去。即洗澡就寢。

8月3日　星期三　晴　八十九度

七時五十分始起。以昨晚服安利納治二丸也。接委員長電話，知岳軍今日赴川。九時到官邸候之，適聞警報，敵機二十七架入武漢上空，九時卅分岳軍來，與委員長同至防空室，侍談久之。至十時卅分又與岳軍談行後各事，以委員長二十六年日記一本託其攜川保存。十一時卅分回寓午餐後，到機場送岳軍行。晤靜仁先生及道藩、毅成諸兄，不禁黯然。一時卅分自機場歸，小睡至三時起。奉手諭三則，二件為人事，一件為調查專家事。旋又接手諭，楊大使來電交辦，囑面商孔院長，遂將本日文件辦畢，七時過江到漢訪孔，談二十分鐘。又偕芷到林宅吃水果。九時卅分訪王雪艇主任，談至十一時，回黃陂路宿。

8月4日　星期四　晴　八十九度

七時十五分。盥洗畢，即渡江，以約定羅時實等八時晤談也。但久候不至，想通知遲誤矣。鍾竟成君來談甚久，述縣政經驗及民眾運動之意見，願至陝省作事，允為介紹，十一時去。閱情報數件，發家書五十九號，午餐後小睡至二時卅分醒。余井塘兄來談湘民廳事，枕琴先生來訪談港匯款事。今日遣王熙及維庸等三人先赴湘，核辦文電十餘件。六時渡江赴漢口應力子之約美的冰室晚餐，到佩箴、顯光、趙敏恆、孫越崎兄弟等七、八人。八時十五分偕力子渡武昌，到官邸謁委員長。十時過余寓再談，十一時去，即寢。

8月5日　星期五　晴　八十九度

七時起。八時卅分到官邸，為青年團宣示禮（下午五時舉行）有所請示，退至辦公室，約蕭速記來談。十時回胭脂坪，邵力子先生來話別，孫越崎同來，十一時送力公登機。楊興勤、項定榮兩君來訪，談至正午始去。唯果、溯中先後來談團務。午後小睡一小時餘，夢在官橋老家與親戚共話。醒熱甚，辦發手令三件，核呈外電兩件。委員長命改擬訓話稿，今日不及為之。處理本日文電十餘件。七時偕芷町渡江，約佛兄來黃陂路談五組事。十一時佛兄去，與芷町長談此後處理各事之注意點及本室人事。十二時寢。

8月6日　星期六　晴　八十八度

七時起。盥洗畢，即渡江返武昌。渡輪中晤宋明軒、秦紹文等，以今日赴長沙。整理書件，心殊煩亂。九時約學素同至郊外宿舍，與談今後之工作注意要點及人事調查之件。學素此半年來大有抑抑之概，蓋實未知余之性格，可見同事之難覓矣。七弟將以今日動身赴渝，作介紹函致胡煥庸一緘付之。十時二十分敵機卅餘架來襲武漢。十一時卅分解除警報。午後小睡至三時許乃起，考慮今後五組之工作問題。四時回胭脂坪，核辦本日文電十餘件，原件呈閱者二件。傍晚郭子猷來，發表為五組少尉司書。八時卅分往謁委員長，有所談商。並報告人事調查件之計畫。接天翼電話，為書記長事。十一時寢。

8月7日　星期日　晴　八十八度

七時起。八時卅分往官邸謁委員長，請示關於贛省黨部書記長事及項定榮同志之工作事。九時回胭脂坪，李秘書唯果來報告前昨兩日會客情形。發致南昌熊主席電。十時卅分到郊外山舍休憩。天氣轉熱，小睡竟逾二小時。午餐後閱雜誌及共黨文件。三時卅分亦僑來談。四時回辦公室，核辦本日文電約十件。顧大使來電報告與法揆談話情形。張清源君來訪，談地方行政問題，頗有見地。夜與望弟談家常。十時卅分寢。

8月8日　星期一　上午陰、下午晴　八十七度

七時廿分起。八時到省黨部參加常務幹事會，到辭、驪、賀、段、張及各處長等十餘人。討論例案九件，決定團長交諭案一件。辭修即席致詞，報告前方戰況，至十二時十分始散會。午餐後小睡至三時醒，蓋昨晚未睡足也。與佛兄通話，接洽宣傳部所屬各機關隨同出行事宜。核辦本日文電十六件。覆立兄函，為川大校長事。又辦發關於情報室主任等之委令一件。傍晚化之來談。夜於組長平遠來報告戰況。接四弟來電，即覆之。夜十一時寢。睡不佳。

8月9日　星期二　晴　九十度

晨六時餘即醒，七時五十分起。昨晚未服藥，中夜屢醒。奉諭到官邸，交辦電稿三件，又情報消息一件。退

至辦公室，核閱對戰時幹訓團第一團畢業訓詞一件，與陳教育長武鳴談軍訓概況。十時卅分回胭脂坪，將交辦文件辦畢，已近十二時矣。午餐後到郊外山舍小憩，閱黨的建設一書。小睡一小時餘。三時回胭脂坪，曹樹銘君來訪，談重慶報界情形。曹君對蘇俄問題有研究。四時後核辦文電十二件，閱情報十件。唯果來談，旋佛兄來開小組會議，會後略談宣傳部事。今夜熱甚，十一時卅分寢。

8月10日　星期三　晴　九十二度

七時十五分起。昨晚睡中時作頭暈，且屢屢驚醒，晨起甚覺勉強。盥洗畢，擬整理團員須知，翻閱數遍，深覺無從下筆，遂暫置之。作五十九號家書，航平寄出。十時擬往官邸，客官未果。孫燕翼偕回教教長達鳳軒來訪，達氏談其周游埃及、漢志、印度諸國之經過，並贈余告世界回教同胞書一冊，談至一時許始去。小睡未熟，而天氣太熱，流汗不止，且感覺頭暈欲嘔，亦不知是何症候也。起草關於青年團禮節之審查報告一件。四時委員長約往談，口授要旨，命加入於八一三告淪陷區同胞之書告中。回寓後急將本日文電十六件處理完畢，夜揮汗整理書告，九時開始，至十二時卅分始畢。一時寢。

8月11日　星期四　晴　九十三度

七時卅分起。昨晚服安菲胖二丸，睡仍不佳。委員長約往談，詢宣傳部及藝文研究會事。九時再至官邸，舉

行侍從室會報。佛兄未出席，決議例案五件。十時十五分回寓，接手諭命將昨擬書稿再修改，並囑發政治部、宣傳部各一函。十一時五十分午餐，餐畢聞警報，逾十五分鐘，敵機分四批來襲，輪流狂炸，室內壁為之震動，一時後始解除。鄭通和君來訪，談西南諸省教育情形，及彼對于教育與青年訓練之意見，先後談一小時餘而去。天時熱甚，雷雨後更熱，頭暈不止。立兄來長談，至五時始去。接碻四十二號函。核辦本日來去文十五件，修正告民眾書稿，至七時完畢，即晚呈閱。夜仍極熱，十時卅分寢。

8月12日　星期五　晴　九十四度

六時即醒，戶外工人工作聲響極繁，七時起。八時委員長約往談，諭示關於宣傳訓練之要點若干項。歸寓發電稿三件，施奎齡君來談，約卅分而去。十時再至官邸，委員長已將告民眾書核定，商酌內容後，即交發表。談未畢，聞緊急警報，敵機入武陽上空，十時卅分至地下室暫避。約十一時許敵機麕集省府周圍，投彈甚多，室內亦震動，十一時卅五分始解除警報。與李唯果略談即歸寓。沿途見炸毀房舍及炸傷之同胞，不忍卒睹。以發表文件，分別抄寄中央社、政治部等處。一時午餐，餐畢小睡一小時起。為蔣夫人校閱言論集。傍晚核辦本日文電十餘件。七時晚餐後與芷町渡江過漢口，為訪章乃器談話。夜宿黃坡路。

8月13日　星期六　晴　九十三度

四時卅分聞防空警報，敵機乘月色襲漢口機場，五時卅分始去。歸寓再睡，至八時卅分起。到官邸謁委員長，報告關於新華日報事及陳述昨日文電概略。歸作私函數緘，佛海兄來談。十一時卅分再至官邸，承命辦發外交部文電，為滬上八百壯士被辱事。出至國際宣傳處，與顯光商定辦法，由彼訪英代辦，託轉電英大使接洽畢，歸寓午餐。王伯天君來談甚久，起草電稿及新聞稿畢，小睡一小時，實未補足也。致立兄函，為青年團事。四時章乃器君來訪談，一小時餘而去。六時再謁委員長，報告各事。旋至河街四號晚餐，商統一宣傳事。九時卅分歸，貴嚴、芷町來談，十二時卅分寢。

8月14日　星期日　晴　九十四度

八時許始起，蓋昨睡太遲，已近二時矣。九時接季鸞自香港來函，即往官邸，擬面呈核閱。知委員長赴訓練團訓話未歸，與俞秘書略談。回寓校閱蔣夫人言論集一輯，至十二時完畢，頗覺疲勞，蓋天時太熱，不能多用腦。午餐畢，作家書六十一號，慰允默，恐彼處傳十二日空襲情形過甚，彼將憂念不置也。又寄兩女兒一函，多所誥誡。自誠、化之先後來談，董槐青弟亦來訪。客去後小睡至四時醒。與芷町電話洽本日文電之處理。傍晚唯果來談。七時望弟自武昌移來同住。夜齒痛，閱情報。十一時寢。

8月15日　星期一　晴　九十二度

　　晨八時起。昨晚服依不勒爾一丸，睡不易醒。以時遲，且覺頭昏，未及出席青年團之幹事會。九時沈衡山君來訪，對外間傳說多所辯正，謂本是黨員，決無歧趨之理，並請見委員長，俾得有自白機會。臨行贈余寥寥集一冊，為其所作之新舊體詩。十一時到官邸謁委員長，囑代覆季鸞一函。十二時歸午餐，餐畢小睡至二時醒。今日第四組、第五組均移漢口辦公。四時往同興里訪鄒海濱先生，適聞警報，敵機十餘架入漢市上空，向機場附近投彈，五時卅分解除。歸寓處理本日文件十二件。摘呈譯稿馬場恆吾論文一件。夜訪林聖凱。十一時歸寢。

8月16日　星期二　晴、下午雷雨　九十度

　　七時卅分起。八時卅分到官邸，聞警報，敵機數架入市空偵察，約卅分鐘而去。見委員長，以覆張函稿呈閱。並見蔣夫人，談文集事。歸寓閱情報，陳博生君來談，良久而去。午唯果來長談，留同午餐。十二時警報又作，敵機數十架狂炸漢陽及武昌，漢陽被火，武昌投彈甚多。二時午睡，約一小時醒。蔣百里先生來談，天忽大雷雨，轉涼。旋顯光來談，約卅分鐘，與百里同去。五時偕佛兄、驪兄到官邸，謁委員長，佛兄定明日赴重慶也。晤朱一民兄，匆匆來詳談。六時卅分回寓，處理文電。今日文件特多，約卅件左右，八時始得晚餐。夜學素來談，甚覺悶熱。十一時寢。

8月17日　星期三　晴　九十二度

七時起。八時到羅吉飯店訪朱一民未遇，回寓。閱日本研究會叢書第二輯。九時四十分一民來訪，談甘省府事，對民政、建設、教育及金融問題與農民貸款均有詳細商談，十一時始去。向午六時更悶熱，覺腦腹脹滿，如發痧然。午餐後小睡至二時卅分起。閱情報十餘件。五時委員長約往談，命擬國外電稿一則，歸即擬呈之。接胡適之寒電，請示委座後即覆之，仍以駐美使節相屬。七時卅分到新生活宿舍晚餐，應驪先之約，到青年團職員卅餘人。夜枕公來訪。十時卅分寢。

8月18日　星期四　晴　九十二度

七時起。聞警報旋即解除。到官邸辦公室，閱情報，並與蔚文主任談。八時五十分歸寓，為蔣夫人校閱言論集。天時悶熱，心思煩亂，工作進行殊緩慢。十時卅分顯光來談，德大使館參贊對我報紙評載彼國軍隊演習事，表示不滿云。商定宣傳限度，由顯光轉知各報社辦理。午後小睡一小時，醒後更覺悶熱，不可耐。望弟今日因風寒發熱，延陸醫官為之診治。奉委員長諭，寄掃蕩報一函。核閱對保護武漢部隊之訓話一件。處理文電十五件。夜洗澡後，稍涼快。同茲兄來談甚久。十一時寢。

8月19日　星期五　陰　八十八度

晨七時卅分起。以昨晚變涼，忽患腹瀉，午前連瀉

五、六次，所下多泡沫，肚腹作痛。以有事與湘主席張文伯接洽，強起往訪，未遇歸，歸則大覺疲倦。午餐後，文伯來訪，談湘民政廳及秘書長人選及其他軍政問題，約一小時餘始去。酬對之間，殊感倦怠。午後又續瀉六、七次，延醫診視，測體溫為卅七度五。晚不敢多食，僅食麵包二小片而已。夜核辦文電十餘件。學素來談。十時寢。

8月20日　星期六　陰、下午晴　八十六度

晨六時即醒，腹瀉仍不止，午前約瀉七次，連昨晚共瀉十次。唯近午時所瀉者，與常時無異，腹痛亦稍已，以為可以漸癒矣，午餐後腹痛又作，又續瀉不止，仍多泡沫，雜以黏液，恐其變成赤痢，再延陸醫生來診，則謂非痢疾，授余以丸劑、水劑各一種而去。傍晚瀉更甚，且覺頭腦昏悶，聞國華等將有短期之出行，適接季鸞十八日發函，即以原函寄去呈閱。夜覺疲甚，但瀉不止，至二時服安眠藥就寢。

8月21日　星期日　晴　九十二度

七時醒，聞高射砲聲，知敵戰鬥機四架侵入武漢上空，旋即飛去。九時卅分立夫兄過談，謂余症可服藿香正氣丸，貽余一包，乃先服其半。十一時黃昌穀（貽孫）君過訪，立兄所介也，力言擁護領袖完成抗戰，數數言之，不憚煩複，真不明其用意所在。臨行贈余黃花崗雜誌兩冊，閱之殊平庸無精采。中山大學人才之缺乏，本非一朝

一夕之故矣。王芸生君兩次來函，報告外交近事，並商國際宣傳，即覆之。午後瀉仍不止，胡醫官來診，斷為輕性痢疾，換藥而去。今日無力作事，公文皆芷町辦發之。傍晚得季鸞第二函。

8月22日　星期一　晴　九十三度

七時起。聞空襲警報，但不久即解除。余今日腹瀉仍不止，且精神疲倦已極。上午胡醫官續來診視，謂須休息兩天後方可痊癒。方之兄來談，戰時衛生業務視察委員會之工作及彼欲加入三民主義青年團，談約卅分鐘而去。作家書六十二號（B）（A），並覆友人函二、三緘。提筆不能作字，真不自信一憊至此也。午後又有警報，敵機七架由黃岡竄入，約四十分鐘後始去。錢端升、何紹南二君來訪，均未晤。六時芷町來，處理文電八、九件。今日悶熱，流汗甚多。夜八時卅分稍涼，料理積件，以備呈閱。直至十二時就寢。

8月23日　星期二　晴　九十四度

七時卅分起。今日因睡眠較充足，精神轉佳。盥洗畢，閱情報並摘呈之報告若干件。九時驌先來談。十時錢端升君來談駐美使節及對外宣傳事。十一時陳博生君來談，商定中央社發表消息以改正日本人所散播之謠言（即謂義大利進行調解以我加入防共協定為條件）。十二時郭司令恢吾來談處理某日報事之經過。午後閱端升之考察報

告及王芃生擬呈之情報室條例。五時卅分芷町攜本日文電十餘件來，即為處理之。今日大熱（似為本年最熱之一天），夜與素、望閒談。十一時寢。

8月24日　星期三　晴　九十五度

七時卅分起（昨晚至三時後始入睡）。八時十五分往官邸謁委員長，適林主任在彼處報告軍情，坐待良久，俟其詞畢，乃面陳此三日內處理各事，至十時始退。歸寓辦發電報四則。聞警報，旋即解除。閱日文論文「中日宣傳戰」，標其要點呈閱焉。午餐後張文白兄來談，為發重慶電二通（為湘民廳長及銻業管理處事）。四時往德明飯店訪孫哲生先生，未晤而歸。彼甫於今日由粵來漢也。回寓發仲鳴函，並處理本日文電十餘件。七時卅分應文白之約到慕尹家晚餐，到敬之、崿奇、一鳴、雪竹、貴嚴、驪、立等十餘人。十時歸。孟海來談。十一時卅分寢。

8月25日　星期四　晴　九十六度

晨七時五十分起。昨晚熱甚，枕蓆如灼，至一時卅分後始入睡。到官邸見委員長，同聽軍事報告。奉命覆宋子文並致耿光電。又辦發通令二則，為湘省府人選致孔院長電，碌碌半日始畢，侍從室會報亦未及參加。午餐後小睡一息，不能合眼，室內熱度達九十六度以上。沈衡山來談卅分鐘。襄陽專員吳良琛君來訪，談廿分鐘。三時約賀秘書長君山來商政訓工作推進事。四時卅分錢端升君來，

偕至官邸謁委員長，五時卅分歸寓。錢君談至六時始去。
核辦文電十五件。夜王伯天君來長談。十二時寢。

8月26日　星期五　晴、下午雨　九十度

　　七時卅分起。昨晚睡眠又極不佳。竟夜悶熱，且全
身痱子作刺痛，直至三時後始入睡。晨起頭暈大作，精神
極疲乏。八時往見委員長，報告並請示數事，歸辦發電報
三件。到呂領使街訪孫哲生，談歐遊感想。立夫亦來談，
至十一時歸寓。十二時卅分到官邸，陪同孫哲生午餐。萬
壽山、張淮南、梁均默同席。二時歸，欲睡而不成眠。旋
大雨，氣候轉涼，乃得合眼一小時餘，五時卅分始醒。處
理本日文電畢，七時晚餐。八時許卓修來談，德之表兄來
談。九時委員長命擬函稿（覆國外某君）及談話稿，以時
遲僅擬就函稿呈閱。十一時卅分歸，十二時寢。

8月27日　星期六　陰雨　八十九度

　　七時卅分起。昨晚服藥，晨起藥力未清，極感頭腦
重滯，以有事不能多睡為憾。擬談話稿一則，駁斥義國調
節之謠傳，措詞極費斟酌，邀博生來談，共商之。十時呈
核，就枕小憩，而精神興奮，不能入睡。甫合眼，則何孟
晉廳長來訪，強起酬對，談四十分鐘而去。午餐後料理私
函數件。士剛來函。二時卅分午睡至四時起，始覺精神稍
恢復矣。胡次威君來長談，恂恂儒雅，洵可愛重。談入川
處事要點，多中肯要，細心人亦實心人也。曹樹銘君來

訪，談卅分鐘而去。今日陰雨，氣候涼爽。處理本日文電十五、六件。夜致雪艇、佛海、公展各一函。十一時卅分寢。

8月28日　星期日　晴　八十九度

八時十五分起。賀貴嚴主任來談，關於甘省府及辦公廳事。聞君強辭秘書處長，貴嚴對繼任者頗難其選也。發六十三號家信，並寄四弟一函。接皓兒來信，謂同濟將以月底遷桂林。今日上午微覺頭暈，除閱報外，未作他事。午後覆私人函電數緘。二時小睡至四時始醒。發新聞稿一則，改青年團入團訓詞稿一件，溯中所擬也。處理本日文電十六件。夜唯果來談，約同往上海大戲院觀電影。十一時歸寓。略談就寢。

8月29日　星期一　晴　八十九度

七時卅分起。聞警報聲，探詢係敵機卅餘架至孝威，但未入武漢上空，旋即解除警報。十時到官邸，報告近兩日之文電處理，並有所請示。十一時歸寓，發力子先生一函。午餐後小睡二小時餘，至三時卅分醒。奉諭代見章伯鈞，談其政治見解及彼黨之狀況，兼及民眾運動方針，約一小時始去。處理本日文電十六件。發孔院長及外部各一電（為適之使美事）。夜蕭化之來談，又倪光華君攜錢乙藜電來談，旋蔣致余參議來談西北問題。九時卅分偕芷町外出，十一時歸寢。

8月30日　星期二　陰　九十度

　　六時卅分起。昨晚未服藥，至四時後始入睡。敵機數架竄入武昌上空，盤旋一匝而去。九時蕭化之約周復（旭人）來見，與周談西北情形，其見解尚穩練，性格似近深沉一路。十時鍾天心君來談粵報界情形及宣傳方略，約一小時餘始去。今日託裕民銀行匯款與四弟，不知能接到否也。午餐後小睡至三時卅分起，核閱訓話稿，對守衛武漢各師營長以上人員訓話一件，代見孫燕翼君，所談多關於回族事，均為一時不易解決者，而孫君陳述不已，談約五十分鐘。旋施奎齡君來談。處理本日文電約十二件，夜端升來辭行，託帶致雪艇一緘。九時卅分西北公路運輸局長宋希尚來談。接仲鳴函並會議錄。十一時卅分寢。

8月31日　星期三　晴　九十一度

　　七時四十五分起。此旬日間起床總在七時半以後，皆以夜間睡眠不足，故早晨嗜睡特甚也。八時十分到官邸，偕林主任同入見委員長，聽林主任報告前方軍事約五十分鐘畢，委員長命查檢國聯盟約第十六、第十七條，以所憶者報告其主要點。歸寓約唯果來，檢英文本原條文譯呈之。奉命起草致汪先生一電，恐措詞不明瞭，引起歧解，經三度修改，始定初稿。十一時卅分到官邸，親呈核閱，適委員長見外賓，未晤而歸。午餐後小睡至二時卅分醒。閱訓話稿一件，至四時再至官邸，以電稿呈核，歸寓後即交發。並致岳軍先生一電。季鸞、芸生兩君來談歐美之觀

察及中蘇關係約一小時餘始去。處理本日文電十餘件,為胡適之使美事再發孔院長一電。至七時卅分始晚餐。今日熱甚,但室內僅九十度而已,覺頭昏不能多作事,傍晚後始稍透風。夜董顯光、蕭同茲兩君來談,卅分鐘而去。顯光謂敵人必將繼續施放毒氣,宜有以揭穿之。接碏四十六號函,寄皓兒一函,唯果學素來。十一時卅分寢。

8月份之回溯

　　本月共三十一天,出席會議四次,起草告民眾書八一三週年紀念一件、入團訓詞一件、整頓政訓之訓令及整飭軍風紀之電令共五件、擬函稿二件、談話稿三件、發國外要電三件、改定畢業訓詞三件、核改講稿四件、核呈報告及論文譯稿共五件、核轉條例(情報室)一件、擬定人事調查辦法一件,送行四次、赴宴會及會餐五次、代見客八人、訪友八次、見客四十八人。工作較前月份為簡易,唯酬應及見客談話較多。因後半月移駐漢口,與友人過從較便也。此月中,病腹瀉四天,病後精神不振者三天,致原定校閱蔣夫人所撰論文,為之延遲。又以天氣較熱,睡眠不佳,故起居作息不能有規律,會議不能出席者達五次以上,自省頗覺歉然。唯其餘工作尚能每日辦就,無所延誤,亦無草率,堪以自慰耳。此月中前方戰況較緊張,國際局勢亦變化甚劇,所作專以涉及外交與國際者為多。

9月1日　星期四　晴　九十度

七時起。八時偕唯果同至河街，參加中央團部及動員委員會集合訓話。委員長親臨致訓，約五十分鐘完畢。與溯中、定榮、立夫、彥棻諸兄略談，仍偕唯果同歸，黃陂路進早餐。天氣又驟熱，閱參事室譯選之外交時報等論文六篇，其中四篇標點摘要後呈閱。午後小睡至三時卅分醒。續閱七月份外交時報文三篇，其中二篇摘呈之。致力子一函，為曹樹銘事，又致雪艇函，均託宋希尚君明日帶渝。傍晚處理文電十件，閱情報八件。夜枕公來談。十一時寢。

9月2日　星期五　陰　七十八度

七時十五分起。今日天氣驟涼，以昨夜風雨也。聞警報，敵機七架入鄂東葛店，九時許解除。校閱訓詞一篇（對中央訓練團湖北教育人員訓練班畢業訓話）。修改潤色頗費心思，至十一時始畢事。十二時到官邸請示某件歸，辦發財孔一電，為軍毯外匯事，往訪周署長商定後發出。一時午餐，餐畢小睡至三時卅分。劉漣漪君來訪，所談極複雜（有報告件、有請求件），一一答覆之。直道待人，亦不計其相諒否也。四時到三教街訪博生。四時卅分偕季鸞、博生同謁委員長，商談國聯開會前之宣傳方針，談一小時又廿分。六時歸寓，處理文電十一件，汪先生覆電（為國聯開會事）簽擬意見後即呈閱。又核呈外交時報論文三篇。夜覆私函數緘。十一時寢。

9月3日 星期六 陰 七十八度

七時四十五分起。昨晚天氣極涼，睡眠較佳，但入睡較遲。因溯中、定榮來談，至十二時，使我神經緊張，一時始入睡，故今晨又不能早起也。盥洗畢後發佛海一長電，為國聯開會發動宣傳事。又與王亞明接洽撰著社論，並邀唯果來，囑為掃蕩報撰論。十時何紹南君來談蒙政整理之意見及陝北情形與第二戰區之政治工作，約一小時始去。郭恢吾司令來談檢查新聞事。午約芷町來，以整理蒙事之方案交彼研究。午餐後梁均默來接洽赴渝各事。今日又接汪先生兩電，均為國聯開會事。午後小睡至四時許始起。處理本日文電九件，閱呈情報四件。夜新檢主任鍾貢勛來談，客去後為蔣夫人核閱論文集第六輯，十二時四十分畢。一時寢。

9月4日 星期日 陰 八十度

七時十五分起。繼續核閱論文集十篇，陳其尤君來訪未晤，十時卅分唯果攜論文一篇（中國與國聯）來商，為斟酌修正補充之，至十二時始畢。接汪先生及佛海各一電，均即作覆。午餐後唯果留談卅分鐘而去。小睡至三時始醒。季鸞來訪，談中蘇外交及日敵擾亂天津英法租界事。委員長約往談，以胡愈之論文交閱，並指正其不妥。四時立夫來談，闡述其對於訓育綱目之理論，滔滔清辯，經一小時始畢其詞。五時卅分方希孔來談。處理文電十件。夜顧仲平來談。今日見客談話及用腦時間過多，夜有

微熱，延胡醫來診。十一時寢。

9月5日　星期一　陰　八十一度

九時卅分起。今晨倦極，感覺有發熱之象，且極頭痛。十時卅分以委員長之命往訪蔣百里先生於德明飯店，談歐洲局勢及抗戰後中國青年之進步，約一小時半。百里先生之談鋒真一時無兩者矣。今日青年團常會，託溯中請假，未出席。午餐後王伯天君來談，久之。小睡起，頭痛仍未癒，今日乃竟日不能作事。學素謂我用腦不得法，常常乘興過用，以致于疲勞，結果用兩天必須休息一天，殊為不解經濟學理者，亦深中余病。八時再訪百里，偕至官邸晚餐，聽其偉論甚多。九時卅分回寓，十時就寢。

9月6日　星期二　陰晴　八十三度

七時卅五分起。昨晚服藥一片半，睡眠甚佳。六時卅分到官邸，與林主任同入見，聽軍事報告，奉命擬訓令激勵前方士兵，口授要旨五點。十時歸寓，先料理雜件，覆函四緘，發渝電一則，又偕慕尹到呂欽使街訪哲生，旋約唯果來商譯件蔣百里之論文及發表之方法，如此碌碌半日，至十二時卅分始畢。張毅敷來訪，未及詳談也。午後仍有熱度，因急思料理積件，仍伏案工作處理本日文電十五件，然進行極緩慢，腦力殊不濟。夜唯果仍來談，與之應對，殊無精神。毅敷亦來訪，談巡查團事，卅分鐘始去，疲極矣。十一時寢，二時始入睡。

9月7日　星期三　晴　八十二度

　　晨八時廿分起。昨晚入睡甚遲，今日體力精神均不振，延胡醫生來診，測熱為三十七度三，然骨痛甚劇，右臂作痛更甚。芷町草就勞勉前方將士稿，略修改後即呈請核定之。唯果齎來蔣百里先生論文之英譯稿（唯果所譯），能得其要領，英文亦佳，寄董顯光辦發。午後王亞明及宋漱石（名濂）君同來訪，談該報遷黔各事，及宣傳方針。傍晚處理文電十件。夜孟海來談。十時立兄來辭行。十時四十分寢。

9月8日　星期四　陰晴　八十二度

　　八時四十分起。昨晚睡足八時，今晨精神較佳。研究關於國聯開會時致我代表團訓令之內容，因有警報（敵機入武昌上空），暫停工作，至十一時卅分，再約唯果來商酌。發致汪先生及王外長先後三電，約曹樹銘君來談卅餘分鐘，勉以努力研究著述。然余觀曹君旨趣似不在此，今之青年官迷重極矣。午餐後梁均默君來談本黨此後應採之政策及宣傳方針，言甚辯，而中心立場不免動搖，談一小時始去。二時卅分午睡至四時三刻起。睡眠太久，又覺頭痛。傍晚處理文電十二件，接碻四十七號函。八時驪先來談。十一時寢。

9月9日　星期五　陰　有微雨　八十度

晨八時起。昨晚入睡尚早，但今晨極貪眠，大概因氣候變動故疲勞之反應轉劇也。自誠送來講稿兩篇，初閱一過，未及為之修改。發六十六號家書一緘，又答覆私函數緘。為接洽某院長赴渝事，費一小時餘之光陰，午後小睡至三時醒。潘銘新君來談武漢水電供給事，旋唯果來談青年團及外交事，處理文電十二件（簽呈關於蒙族軍政整理及陝北特區問題之意見各一件）。夜繼續校閱蔣夫人言論集。今日盡一日之力，將第一卷閱竟，即以原件寄顯光。洗澡畢，十一時寢。

9月10日　星期六　晴　八十一度

八時五十分起。昨夜未服藥，又至二時許始睡，輾轉不寐，感觸萬端。蓋聞芷町有求去之意，苦索其故而不可得也。今日精神疲頓異常，骨痛亦不瘳，且覺兩眼昏花，不能視物，自己感覺有發熱之象，然試測體溫則僅卅六度三而已。胡醫官謂係一般衰弱症，須勿令神經過勞，然枯坐亦甚無聊。午後季鸞來談許久，又鄭科長延卓來談辦公廳事，應對賓客，亦覺心煩。處理本日文電及情報等十件，覆果夫一函。夜九時卅分服藥即寢。

9月11日　星期日　陰晴　七十九度

七時卅分起。四時卅分為蚊所擾而醒，六時許又朦朧入睡。敵機入武漢上空，以天陰多雲，盤旋久之而去。

九時五十分胡愈之君來訪，談宣傳及動員民眾事。鍾貢勛君來談新聞檢查事。午餐後梁均默兄來訪，言將於明日去湘矣。今日余覺頭暈更甚，小睡一小時起，亦未癒。鄭通和君來談甘省教廳事，四時葛武棨來談西北訓練團事，傍晚處理文電十九件。夜董顯光君來談國際宣傳事甚久始去。為蔣夫人校閱論文二卷一輯完。十一時五十分寢。

9月12日　星期一　陰晴　八十二度

九時始起。以昨晚未服藥，入睡時又在一時以後。接官邸電話，詢余病狀，即作一函呈委員長，蓋今日又覺有微熱，而精神較昨更不振也。唯果、自誠先後來談，余均不暇應接之。十一時覺頭暈更甚，小憩後始已。午後董顯光君攜女記者阿特麗之電訊來談，知一部分人近日播散妥協之謠言矣。四時往謁委員長，談西北事及宣傳。五時歸寓，胡石青、王幼僑來談豫西情形，旋武棨來談。傍晚處理文電八件，今日到文特少，夜仍覺頭眩眼痛，且不思飲食，今日必有熱度無疑，十時卅分寢。

十時卅分以後續記：余方擬就寢，古秘書攜來談話稿譯文一件，不知其作何用，只言委員長交余審閱，乃以電話詢董副部長，始知為明日接見某代辦之用。顯光在電話中與余談論四十分鐘，既畢；實不能支持，乃就寢，已十二時餘矣。

9月13日　星期二　陰晴　八十度

六時卅分起。研究昨晚之談話稿，並改擬一稿備用。八時攜往官邸，親呈核閱，並述余之意見。委員長復命準備撰九一八紀念文字。近日精神疲憊至此，若再欲撰文，真不知如何繳卷矣。唯果來談，適孫院長有電來，報告日內瓦來電，與其商酌之。旋鄭通和、葛武棨兩君先後來談。十一時中政校學生梁漢耀、葉鳳生、何漢梁、麥健生、鄒志奮、杜鴻邵、鄭文杭、楊德純八人來訪，談十五分鐘而去。午餐畢已二時。擬辦要電二件後，就床小憩，至三時卅分醒。到官邸一轉，並發致王外長函電各一。夜核文電十件，閱情報八件，至八時始得晚餐。今日精神稍佳，但事太繁雜，頗覺不支。夜驄先來談。十時卅分寢。

9月14日　星期三　陰晴　八十度

七時五十分起。靜坐片刻，擬九一八紀念文字之綱要。八時五十分委員長招往談，命抄呈關於安全區之件。十時顯光來談良久。聞歐局極緊張，有一觸即發之勢。十一時卅分請季鸞先生過談，商紀念文字之內容。十二時辦發談話稿一件。午餐畢，小睡至三時。顯光以電話來商請中止發表談話稿。五時與偕至官邸。謁蔣夫人，詳商結果，委員長允延緩一、二天再定。其實此稿亦無關緊要，然顯光以為恐生枝節也。夜作私函數緘，接默四十六號函即覆之（六十七號）。並為蔣夫人改序言一篇。今日頭痛未癒。十一時卅分寢。

9月15日　星期四　陰晴　八十一度

　　七時卅分。以昨晚神思鬱悶，故臨睡服安眠藥，晨起猶覺頭昏。思欲起草九一八紀念文字，乃僅寫一段，即不能繼續。精力不濟之時，實無法作文矣。十時卅分覺倦甚，小睡至十二時。唯果來談。午餐畢，顯光來談，謂張伯倫赴德國，歐局微妙，惝恍不可測度。二時卅分顯光去。賡續起草文字，腦底空空，竟至提筆茫然。此種境界，其非親受者不能解也。勉強寫二百餘言，實覺不成文理。五時處理文電十件，有警報，約一小時餘始解除。往訪枕公於六十九號，知其病稍癒。夜努力撰成紀念文。十一時寢。

9月16日　星期五　陰晴　八十度

　　七時卅分起。將昨夜撰成之告同胞電稿再加研究修改。九時卅分到官邸面呈核閱。十時歸，作私函兩緘。並核呈渝來兩電。覺頭昏神疲，小睡補足之。十二時起午餐，餐畢，仍覺精神不振。旋有警報，二時解除。胡醫官來，為我注射。二時卅分又小憩半小時，醒後乃覺精神舒爽。五時胡石青君來訪，談抗戰前途與蘇俄政策，多獨到之見。此公精思敏識，殊可佩服。傍晚核辦文電十餘件，發佛海兄電。晚餐後季鸞來談歐局變化之預測。楊公達攜來文稿來訪，約明日再商。十時委員長約往談，命擬告東北同胞書，歸而屬稿，至一時卅分完稿。二時寢。

9月17日　星期六　陰、下午雨　七十七度

七時起。敵機由孝感等處入武漢上空，盤旋約一小時許，甚為所擾。核閱書稿，並擬發重慶電四通。十時委員長招往談，對於告東北同胞書內容指示補充修改之點，攜回修改之。午後又五次電話指示補充，至四時卅分始定稿，攜呈作最後核定，始發出之。委員長之慎重至矣。顯光來談外交及國際宣傳甚久。衡山來訪，未接晤。傍晚核辦文電十件，芷町以所撰七修字譜序見示，佳文也。夜忽覺神思極不快，訪德之表哥未遇，洗澡畢即寢。

9月18日　星期日　雨　七十五度

七時卅分起。今晨天氣轉涼，秋雨霏霏，令人起秋鬱之感，追念七年以前之國難，彌覺餘痛在心，隨時期而增劇也。腕痛甚烈，不能作事。遍取本日之報紙讀之。馮煥章、陳辭修各有極好之紀念文字，不知為誰氏之手筆，十一時葉元龍君偕公達來訪，談川局及皖事。午餐後延胡醫官來注射，遂未小睡。寫允默一函（六十八號），明日發。四時代委員長接見嚴春融、楊化西兩君（皆西康青年政校學生），談康藏事甚久。旋季鸞來訪，談戰局，極焦念。胡政之君謂季鸞憂國之心高于常人，誠哉其不誣也。處理文電八件，情報五件。夜為蔣夫人校言論集二卷三、四、五輯，至十一時全卷完畢。即寄顯光付印，了卻一件工作。十一時卅分寢。

9月19日 星期一 陰雨 七十二度

晨六時四十分起。氣候更涼,加衣始暖。七時到河街參加紀念週。八時出席全體幹事會議,到常幹六人,幹事五人,議決要案四件,九時會畢,即歸。閱情報十餘件。唯果來談約四十分鐘,討論宣傳技術,覺其見解深刻,非一般所可及。午餐後覺甚疲倦,小睡乃至沉酣,三時卅分始起。接碻四十九號來函。四時後集中心思修改講稿,至傍晚完畢一篇(青年團工作論評)。處理本日文電十五件,為蔣夫人擬徵募寒衣電一件。晚餐後繼續修改講稿(一、保衛武漢,二、革命教育)二篇,至十一時畢事。遂就寢。

9月20日 星期二 雨 七十一度

八時起。昨夜與望弟談家事,感慨甚多,至二時許始入睡。整理私函及積件,分別處理,至十時卅分類完畢。發致孔院長一電(為粵主席任命事),十一時李幼椿君來訪,談蓉、渝兩地情形甚詳。幼椿將于明日往前線勞軍,此行殊可壯也。十二時卅分奉諭約張季鸞,同往官邸午餐,適接路透電,國聯行政院已接受我援引十七條之建議,遂就此事討論我方宣傳與應付方針及準備。一時約幼椿同來午餐,騮先亦來會談,餐畢已二時,略談即歸寓。發電二則,並覓取參考材料,疲而小睡,至三時始醒。譯呈關於政局之消息,處理文電十餘件。芷町治肴相餉,約學素來同餐。夜閱報及雜誌。十一時寢。

9月21日　星期三　雨　七十度

八時卅分起。近日早晨嗜睡特甚，而睡後精神良好，想以服用參藥及注射已發生作用，然睡中仍多夢，且極複雜離奇，自係疲勞之反應耳。決乘此時機，稍加休息，恐以後將更冗煩矣。午前檢理過去情報，中午顯光、唯果來談，午餐後小睡又甚久（一睡即不易醒），至四時卅分始起。譯路透消息若干則，處理本日文件十餘件。晚餐後到德明飯店訪徐次長叔謨，談約四十分鐘，知渝地諸人對歐局看法，與吾人在漢觀察相同。夜洗澡後，十二時寢。

9月22日　星期四　陰雨　七十一度

八時卅分起。昨夜至十二時許猶無睡意，與望弟談至一時卅分。簽呈要電二則，九時卅分到官邸謁陳。十時舉行侍從室會報，到王侍衛長，於、陳、陳三組長十一時十分完畢。李唯果偕包華國來訪於黃陂路，談卅分鐘而去。閱路透電，知捷克局勢又惡化矣。午餐後睡至三時起，閱情報多件，接佛兄電，知不克來漢。四時嚴春融、蔣化西來談。四時卅分李伯英（宗黃）君來談。傍晚處理文電十四件。夜王雪艇君來談（今日自重慶飛機來）渝地各種情形及外交意見，約一小時餘而去。十一時四十分寢。

9月23日　星期五　陰、晚下雨　七十二度

九時起。近來遲眠晏起又成習慣矣。戰況漸緊，國際局勢沉悶而無出路，悵念家國，殊無好懷。張劍鋒自郴

縣來漢，談彼地情形及同人先行者之近狀，聞之益增悵
悵。十時徐叔謨次長來談外交近事甚久。叔謨居外部近八
年，見解精細，而治事負責，唯對國際局勢之觀察，悲觀
氣氛太濃厚，與余犯同一之病。午餐後小睡未熟，二時即
醒。枯坐無聊之至，呼水理髮沐頭，精神為之一爽。傍晚
處理文電八件。季鸞來談對國聯宣傳要旨。夜學素來談甚
久。發碼六十九號函。十時卅分寢。

9月24日　星期六　陰　七十二度

　　八時起。昨晚服藥一丸，乃得七小時以上之睡眠，
起床時猶睡意未消也。整理積件至九時，往謁委員長，報
告昨與季鸞談話經過。十時歸，馮煥章先生派俞秘書來
訪。十時卅分往訪雪艇談卅分鐘而歸。午餐後小睡卅分
鐘，以昨睡已足，精神較佳。研究大陸報徵文，擬為委員
長撰寄雙十節文字之內容，並繕覆私函七緘，處理文電
十二件。七時卅分到官邸，與雪艇、叔謨、季鸞同謁委員
長，研究歐局及國聯對十六條案之應付方針。晚餐後十時
歸。十一時卅分寢。

9月25日　星期日　晴　七十四度

　　七時起。聞警報，敵機到鄂城，以天陰未入武漢上
空。午後又兩發警報，亦未竄入。九時招劍鋒來談，誡以
循分盡職，勿作旁騖之想。以彼昨晚來函，多不明事理之
語也。安排先遣人員，擬指定六人先行。午餐後小睡起，

讀書報，發致滄波一函，接碚五十號函（廿二日發）。五
時杜重遠君來談青年團事，旋季鸞、芸生來談應否發行聯
合日刊事。傍晚處理文電十餘件，閱路透消息，知歐局動
靜，本月應可決定。夜立夫、驤先兩來談中央黨部各事。
九時偕望弟訪德哥。十一時回寓，十二時就寢。

9月26日　星期一　晴　七十五度

九時卅分起。聞警報二次，旋即解除。蔣百里先生
來談歐局勢及陸軍大學教育方針等，十一時四十分始去。
十二時往謁委員長，報告陶志宗（字菊隱，湘寧鄉人，百
里介紹）已到漢，並請示關於宣傳外交諸務，談十五分鐘
歸。余覺委員長近日益憔悴，蓋憂勤甚矣。午餐後略睡，
三時敵機來襲武昌，投彈甚多，四時餘解除。鄭彥棻君來
談反侵略分會事，季鸞來談與某大使研究歐局之大概，六
時始去。處理本日文電十五件。七時約雪艇、叔謨來寓晚
餐，餐畢商談對美外交要點及歐洲問題之應付方策。十時
卅分散。十一時卅分寢。

9月27日　星期二　晴　七十六度

晨八時起，猶極勉強，近日好睡極矣（昨晚服安維
胖一丸半）。校閱自誠送來之教育講稿一件（革命的教
育），為警報所擾而中止，至十一時送出。唯果攜外電一
束來談歐洲戰局，相與研究英法步調有無歧異之可能。午
餐後唯果去，余又小睡一小時。河南博物館員某君來訪未

晤。今日零星續到之件甚多，一時不能即辦，而天氣亦不佳，致心境大轉惡劣。傍晚處理文電十餘件。七時佛海兄自渝來，談別後各事極詳，晚餐後八時始去。化之、自誠來談片刻去。化之延不出發，使余不快。今日竺副官等擅自斥退余所用之衛士，事前不以關白，亦使余憤怒之一端。神經既受刺激，遂又失眠，一時後始睡。

9月28日　星期三　晴　七十八度

八時起。昨晚睡眠不佳，今晨氣候轉燥熱，余承昨日腦憤之餘，仍覺精神怫鬱，心境紛亂，靜坐半時，乃強抑煩慮，從事工作。上午辦發電報三件後，並核閱委員長去年在國防會議報告記錄二件。中午不思進食。徐次長叔謨來談歐戰發生後我國應付之步驟。叔謨去後，改定中央警校入伍生開學訓詞一件，及陸大特三期畢業訓詞一件。三時進餐，僅食薄粥一碗。餐畢小睡起，覺有微熱。雪艇、佛海二兄來談，旋蔣百里先生來談研究歐洲局勢甚久。唯果亦參加焉。今日消息，國聯已決定採用第十六條，而歐洲又日見明朗。各國紛紛準備，所發表之演詞文告均表示已達極嚴重關頭。蘇俄遠東紅軍在伯力召開會議，此數日間之形勢真堪注意矣。處理本日文電十件。夜於組長平遠來談戰局與政局。九時往訪百里。旋過雪艇家小坐歸。發七十號家書。十二時就寢。

9月29日　星期四　晴　七十八度

八時卅分起。今日仍有頭腦沉重感覺。九時到官邸謁委座，報告對歐局之觀察。十時往訪百里先生未晤，出至軍需署訪熊經略。十一時歸寓，百里偕陶孝宗（新聞報主筆）及程一中來談。十一時卅分汪先生來電，關於美總統希望我元首分電德捷勸告和平事，面呈委員長，承商辦法。奉諭與季鸞、叔謨等商擬。十二時張劍鋒來談。午後小睡至三時。雪艇、佛海、叔謨、季鸞、博生等均集余寓商擬響應美總統斡旋政局之文字，由叔謨起草二種，七時同至官邸，呈請核定。今日委員長約諸人晚餐，百里、芃生、騮、立均參加。餐畢決定電汪、孔，以外交部長名義發一聲明。叔謨、立夫等均到余寓長談。十一時寢。

9月30日　星期五　晴　八十度

九時十五分起。昨晚服藥太遲，至晨乃不能起床，此習慣何時可革除乎。午前閱報以外未作他事，研究歐局及國聯決議，知情勢與上月不相同矣。沈衡山來談，一小時許而去。午餐後整理衣物等件，本處同人明日將有一部南行也。二時卅分小睡。醒後到官邸謁委員長，報告宇垣辭職後之日政局。李欽甫將軍來談訓練團事。黃季陸君來談歐局之觀察。以委員長手諭包華國到宣傳處辦事之件送朱代書記長。六時卅分芷町始攜公文來核辦，今日文電特多，約廿餘件，時促心煩，殊覺處理不能周到也。夜張淮南來談起草致駐德大使訓電畢，已十二時，即就寢。接默

第五十號來函，知患痢疾，而腸胃之病亦久未治癒，甚可念也。

9 月份之回溯

　　本月共三十天，出席會議青年團全會、侍從室會報二次、參加集合訓話二次、官邸會談一次、參加官邸會餐（討論外交及宣傳）四次、在寓舉行會談二次，起草訓令二件、致國外電令一件、閱呈譯件論文八篇、校閱訓話講稿紀錄七篇、改定畢業開學訓詞三篇、撰擬九一八紀念文字兩篇、研究修改為安全區事談話稿一件（未發）、改論文譯件四件，擬呈蒙陝北邊務解決方案二件、為蔣夫人校閱言論集六輯，並代擬函電各一件，見客九十八人、訪友十五次，每日處理文電平均約十五、六件。筆墨工作並不繁重，唯奔走接洽，商談研究之件，較上月為多。蓋國聯開會，諸須應付，而歐局亦極緊張也。此月中又小病八、九天，自五日至十二日每日均覺有微熱，骨痛頭暈迭作，又加以臂痛及眼痛，十七、八以後稍佳，至二十七日以後，又因疲煩而心境惡劣，常患失眠，致早晨不能早起。但大體上較之上月似身體已稍有進步。又接觸談論較多，於學問識見上不無獲益之處，此則略可自慰者也。

10月1日　星期六　晴　八十度

晨八時起。到官邸，承命辦發慰唁唐少川先生家屬
電。少川於昨午後在滬寓逝世。並商雙十節文字要點，
歸寓後閱報。十時往訪佛海於雪竹寓所，旋訪叔謨次
長，談外交等件。午餐畢，顯光來訪。旋新聞檢查所鍾
主任來訪。四時卅分佛海來談，一小時餘而去。傍晚處
理本日文電十二件。閱情報六件。聞國華等今晚移宿對
江，夜與芷町訪孫君。晤鄧普康代表徐正燮君談公事，
十一時卅分寢。

10月2日　星期日　陰晴　八十度

八時十分起。昨晚就睡甚遲，且因談話多，又患失
眠，故晨起較平日為疲憊。午前擬寧靜思慮，囑門者謝
客。沈衡山、杜重遠、陶行知來訪均未接見。為蔣夫人代
擬星洲華僑大會開會日告海外女同胞書一件。午餐後始完
稿。小睡至二時三刻醒。睡中多夢，心境不寧。三時後正
在修改某文件字，雪艇來訪談甚久。繼馬季廉、畢修勻兩
君（皆掃蕩報記者）來訪，囑其對國際動向審慎發言。兩
君去後季鸞來訪，談外交及政治。季鸞去後，顯光來談
四十分鐘。七時卅分應芷町約到味腴晚餐，同茲、博生、
佛海同餐。九時卅分歸，雨農來談。十一時寢。

10月3日　星期一　陰晴　八十度

八時起。謁委員長報告陶行知等請見及國聯報告事，

並面陳英代辦十月一日來函為天津英租界事大略。奉諭送外交部辦理，即以原函箋送徐次長。九時卅分沈衡山君來談黨派問題及抗戰中地方行政問題。十一時李幼椿君來訪，談前線所見種種，及巡察團之工作，十二時去。午後徐次長叔謨攜抗戰現階段中國際上應注意之要項來談，約一小時而去。余自昨日起，又患骨痛，且神思竟日不快，又苦天時悶燠燥熱，致不能用腦。傍晚處理文電十一件。往訪幼椿於其寓。旋偕幼椿、作孚赴美的餐室晚餐。九時到官邸一轉歸。溯中、定榮來談。十一時寢。

10 月 4 日　星期二　晴　八十度

八時起。今晨精神較舒爽，閱呈陳豹隱君日圓跌價之研究一文，又轉呈報告數件。張季鸞君來談，攜傅宜生來電見示，論西北軍事，談卅分而去。寄威博、實之各一函，又寫寄大哥一函。此後通信將更艱難矣。唯果來談冀朝鼎君之對美外交觀察，又陶行知及周恩來謁見委座時所談之內容。午後雪艇送來運用國聯決議案之節略。四時往謁委員長面呈之，並報告季鸞所談傅事。面諭將來當界以新名義，囑季鸞覆之。今日文電特多（約二十四件），處理已八時。天氣轉燠熱，腦筋浮漲，不能用心。夜季鸞、谷冰二君來談。十一時卅分寢。

10 月 5 日　星期三　晴　八十度

七時卅五分起。昨晚睡中屢醒，晨起神思殊沉鬱不

舒，將中秋，而燠熱如此，殊覺不慣。八時卅分到官邸謁
委員長，請示對德輿論方針及代徐次長報告行期。歸寓後
擬著手文字，而心思散漫，精神不振，遂爾中止。十時卅
分往訪雪艇，談外交及宣傳件。十一時卅分出，往訪右任
先生未晤。午餐後小睡一小時，起後夠覺疲悶。佛海寄來
宣傳部擬編總裁言論集，為審閱其目次，簽註寄返之。又
辦理選輯委員長言論分發青年團受訓人員事。有警報，一
小時餘解除。傍晚處理文電十六件。顯光來同晚餐。夜仍
不舒。十一時就寢。

10月6日　星期四　晴　八十度

　　七時四十五分起。今晨體力似稍恢復，心緒亦較寧
定。辦發致外交部王部長一電（指示運用國聯決議案之辦
法，並囑注意煤油、鋼鐵問題）。並代電何參謀總長，又
改定現階段宣傳要點一件。午應雨農約，到其寓午餐。到
驪、立、徐、毛、鄭諸人，略談情報委會事，即歸寓。午
餐後仍打針，小睡至三時。熱甚。搜羅材料，準備文字，
決定革命哲學講詞彙輯之目次即交自誠呈核付印。傍晚處
理文電十餘件。六時卅分佛、博、謨諸君來談。七時同往
參加星期會談。九時許偕雪艇同歸。順道往返陳公俠主
席，略談即歸。十時五十分寢。

10月7日　星期五　陰　八十一度

　　七時四十五分起。昨晚服安利納治二丸，睡眠尚暢

足。盥洗畢，靜坐二十分鐘。青年團今日舉行臨時幹事會，請假未出席。接幼椿函，知又出發前線矣。午前翻閱蔣先生過去之講演，並閱讀中山全集關於世界問題之部分，融會思之，以作雙十節演詞之準備。午睡太久，後宜戒之。傍晚辦理本日文電九件。夜國燾兄、平遠組長先後來談前線之戰況。準備文字，迄未動筆，以時遲就睡，已子初矣。

10 月 8 日　星期六　晴　八十三度

昨晚竟夜未睡熟，五時始朦朧睡去，七時卅分。函呈委員長，告文字不能午前脫稿。旋聞警報，敵機七架到黃陂，不久即解除。聞學素言，敵空軍近日分散豫、晉、湘、贛、粵等處，專找我新到飛機截擊云。十時後始得集中心思擬文稿，以昨睡不足，每寫一段，即復昏沉不能再續，輒小寐卅分鐘，如是三輟三作，至午後四時卅分始完成，凡二千四百言，題曰雙十節告全國國民，即繕正呈核焉。處理本日文電十八件。今日為舊曆中秋節，月色不佳，夜洗澡早睡。

10 月 9 日　星期日　晴　八十四度

八時卅分起。天氣較昨更熱，昨晚雖大雷雨，而暑氣未散，且鬱悶無風，殊可異也。以電話詢珞珈山，擬與俞秘書接談而未果。十一時卅分唯果攜來雙十節紀念告國民書，知已核定，但略加修改而已。午後小睡起後，複閱

一過，交祖望繕發之。今日為使腦力得有休養，遂不作其他事。傍晚書寄第七十二號家書，甫寄發，乃得五十三號來函，知默病已痊癒，甚慰。處理本日文電十四件。夜雪艇來談外交與戰局。九時偕芷町往訪童君，十時歸。十一時卅分寢。

10月10日　星期一　晴　八十二度

八時卅分。氣候稍轉涼爽，但余之精神仍不佳，遂未參加國慶典禮。十時聞我軍德安大捷之報，我薛兵團以三師兵力圍攻盤踞萬家嶺、張孤山一帶之敵人，消滅其二個旅團，獲械甚多，武漢各報印發號外，午後炮竹聲偏於全市。四時卅分委員長檢閱社訓隊、壯丁隊等，到五萬八千人，三民主義青年團前導游行，情況極為熱烈。午後佛海來談，余今日未參加游行，在寓讀書。傍晚辦發文電八件。夜孟海來談，約兩小時始去。臨睡時唯果來談，十一時卅分始去。一時入睡。

10月11日　星期二　晴　八十度

八時起。九時往官邸，承命起草對中央及主席慰勞之覆電，並囑檢呈各項條約，又交下某件，囑分交騮先等諸人研究之，歸寓後即分別辦理。呈林主席電，由芷町撰擬之。今日午前天氣涼爽，但向午仍鬱熱不堪，余精神懶散，似因睡眠未足之故。季鸞來談，詢時局消息。午訪右任先生於鄂審計處，方對客揮毫，此老興致不淺。午後雪

艇來談外交甚久。四時偕同謁見委員長。五時歸寓，處理本日文電十五件。佛兄來長談，有擺脫中宣部之意，談至八時始去。閱雜誌數種，服安利納治，十時卅分寢。

10月12日　星期三　陰　七十八度

七時四十五分起。昨晚睡眠達九小時，晨起精神遂覺舒爽。乃知數日來之疲倦，全由睡眠不足也。九時到河街四號，參加青年臨時幹事常會。十時奉諭到官邸，命約郭沫若等明日會餐，並指示研究某件。歸寓後繕致汪先生及岳軍、楚傖等諸函。十二時往訪雪艇，託其帶去。午後又小睡一時許而起。聞敵軍三萬人開大鵬灣登陸，已向粵南進犯矣。傍晚季鸞來談。處理文電十六件。夜與望弟閒談。十一時寢。

10月13日　星期四　陰、下午雨　七十四度

八時起。今日陰雨，氣候更涼。閱報載，敵在大鵬灣上陸之消息不甚詳盡，廣州方面亦無確報，想其積極行動尚未開始也。處理公私函札數件後，往政治部第三廳訪郭沫若、胡愈之兩君，在彼處晤仇亦山、張西曼，略談即歸。午後季鸞博生先後來訪。今日忽又覺神思沉鬱不快。陳清行為荒唐，訓誡之。處理本日文電十件，無緊要之件。六時卅分到官邸，參加會談，到驪、立、博、沫若、芃生、愈之諸人，商日軍在粵發動後之宣傳要點，退就余處續商。十一時寢。

10月14日　星期五　雨　七十度

八時起，盥洗畢後，遍閱今日各報，知敵軍侵粵正在進行，而英法諸國毫無反響，憂憤不可名狀。以昨晚委員面諭起草告廣東軍民書，九時集中心思開始撰擬，詎知意緒散亂，至十一時猶不滿三百字，艱窘極矣。委員長命往談，囑再擬告海外僑胞電。歸寓午餐，餐畢小憩，不能入睡。以時間匆促，乃草草下筆。季鸞來談許久，又為間斷，至七時始勉強寫成。與芷町偕至其寓晚餐。夜續成告華僑書一件，文字極拙劣。十一時寢。

10月15日　星期六　晴　六十六度

八時起。閱外字通訊社消息，知敵犯粵急進，國際寂無反響，憤慨無已。九時到官邸，承命將告粵軍民書再加修改，以中國國民黨中執會名義發表。午後繕就核定，通知驪先發出，並告以總裁擬令養甫負粵省黨務責任。中政校同學鄒志奮、梁漢耀、湯燦華來談。午後接胡適之大使元電，即覆一長電，告國內情形。五時佛海兄來談，處理文電十二件，核發英、法、美大使電各一件。夜唯果來長談，十一時去。十二時卅分寢。

10月16日　星期日　晴　七十度

晨疲極不能起床，睡至九時五十分始起。近來嗜眠特甚，亦不自解何故也。午前處理私函三、四件，閱國防會議九十九次會議錄及一〇一次外交報告，分別錄存摘呈

之。午後季鸞來談，大公報明日起停版，彼將赴香港一行云。五時到官邸謁委員長，承命辦發中央常委、五院長及贛、浙、黔、桂、魯、冀、湘各主席電。往訪于院長於洒沙街，談卅分鐘而歸。處理本日文電十一件。夜修改中央告粵同志書。驤先來談甚久。十一時卅分寢。

10 月 17 日　星期一　晴　六十九度

八時起。九時到官邸謁委員長，報告新聞電訊及以後央社之布置。歸寓驤、立諸兄通電話，發私函數緘。久不得家書，寄吟兄一函詢近狀。並覆胡大使一電。十二時到官邸陪右任先生午餐，餐畢已一時卅分，回寓小憩。四時季鸞來談。五時佛兄來談。今日消息，敵侵粵急進，我軍尚在集調中，殊憂憤。處理文電十五件。夜化之、唯果來談，與佛、芷訪孫仲明十一時歸。十二時寢。

10 月 18 日　星期二　晴　七十度

八時起。委員長命往官邸，面授要點，囑準備告國民書。歸寓後整理抄錄，並搜集以前材料，稍加研究，覺內容複雜，不易貫串。接果夫來函，為中政校請費事，即電覆之。陳博生來辭行，明晨赴渝。午餐後小睡至二時即起，合眼朦朧中，似覺有長文須待研讀，可知近日心神之脆弱不堪用矣。芷町擬就發致外國某大使電，為轉呈委座核閱。四時卅分作孚次長來談今後戰局，滔滔雄辯，約九十分鐘始去。六時芷町攜文電十二件來，即處理之。夜

準備文字。十一時寢。

10月19日　星期三　晴　七十度

晨八時起。昨晚服伊普拉一丸，藥性至晨未盡。近來晏起之習終不能革，皆夜間不能早睡之過也。念家不已，發七十五號函。向午乃得五十四號信，知家人無恙，數日憂思盡釋，再作七十五（B）函覆之。並致細及明樂各一函。午前因顯光來談，又為季鸞等辦旅行事，碌碌不得閒。午睡一小時起。開始起草文字，根據委員長口授要旨，排比綴輯，甚費斟酌，至四時始成前段，暫置勿續。處理本日文電十二件。夜繼續屬稿。驪先、溯中來訪，驪先長談一時。旋君山亦來談半小時，思維屢被擾斷，勉強續成，蓋已二時餘矣。

10月20日　星期四　晴　七十度

八時卅分起。昨晚患極嚴重之失眠，晨起，就已撰文字稍加複閱，終不愜意。聞戰況愈緊張，胸懷殊惡。唯果、芷町來，以既成文字示之，均謂文字亦條貫，而組織稍差，由內容包含太複雜也。十時到官邸，舉行會報，商遣散職員先行事，以久議不決，心甚抑抑。謁委員長，報告數事畢，即歸。區、處、行留各員，以交通工具日艱缺，極費安排，幾經商酌，不能定。午餐、午睡均減少，蓋心緒精神均不濟矣。希曾來，勸余先行。芷町、唯果等和之，然余不能決。七時佛兄來，夜官邸會餐，到季鸞、

書貽等九人，談外交時局，十時始散。詢前方戰況畢，歸寓。陳清行止不端，訓斥甚久，直至一時後入睡。

10 月 21 日　星期五　晴　七十一度

晨七時四十分起。昨晚入睡已二時許，今日凌晨即醒，心緒雜亂，不能寧睡。十時到官邸謁委員長，報告此間各宣傳機關情形及本室移動情況。奉諭令余及立兄先行，退與希曾諸兄商行動辦法，希曾主張汽車今夜離漢，遂安排區置。正午約芷町來與商決定明日啟行之辦法。聞敵近金牛，真堪痛憤。小睡至三時許，合眼靜息而已。神思鬱悶，不能入睡也。三時卅分訪貴嚴主任談卅分鐘。四時往與國華談處理電報之手續，奉委員長諭，囑將告國民書攜回修改，費一小時卅分之力而成之。溯中、同茲、顯光均來話別，無任依依。傍晚蕭、葉兩秘書來辭別。處理本日文電，夜修改致參政會開幕詞一件。訪林主任歸，整理物件。十二時寢。

10 月 22 日　星期六　晴　七十一度

七時卅分起。昨日奉諭囑先赴湘，故早起整理文件，但心緒惡劣之至。八時卅分到官邸，奉命以軍委會發言人名義擬談話稿一件，歸寓即著筆屬稿。至十一時卅分寫成，攜呈親核，並往見蔣夫人謁別，知廣州已陷於敵，談次無任憤慨。時適有警報，即在三層樓與自誠等將告國民書與談話稿修改繕正之。一時回寓午餐，芷町來接洽啟

行各事。今日來電稍多，同人多已先行，親自摘要呈閱。四時五十分再至官邸，以行後各事多囑俞、蕭二人辦理，並與林主任話別。五時見委員長謁辭，即回寓收拾。立兄、佛兄先後來談。六時登順江輪西上。自去年十一月終到漢以來，自茲又小別矣。今日接默五十五號函，即覆七十六號一信，託佛兄攜渝寄碚，並寄佩箴一函。夜同人在舟上酌酒澆愁，余不能與也。十時寢。

10月23日　星期日　晴　七十二度

晨十時起。昨晚未服藥，不能安睡，六時即醒，朦朧中未熟眠。十一時五十分過嘉魚，即午餐，餐畢，與芷町、學素等談話。至二時十五分，到沔陽縣屬之王家洲，時有敵機三架過上空，發現我舟，即回飛，以機槍猛烈掃射三次，同舟中受輕重傷者十餘人，傷重致死者有領江丁昌儀及衛士四名。學素左臂亦受傷，第二組司書左弼傷三處，又理髮師某及古秘書之勤務兵及本輪管理員項鎧均受重傷。余避於室內，事後檢視，彈痕穿入者三、四處，未遭射及亦云幸矣。旋即停船，到村民家小憩。六時開船，至新堤，料理死傷善後各事。發電三通。十一時寢。

10月24日　星期一　晴　七十度

五時卅起。昨晚預定令舟人夜間行駛，但引水人言，上游水急多灘，夜行不便，乃從其意，令六時開船。今日天氣有陰雲，九時後發風，驟寒，加衣始暖，從古秘

書處假得「比王阿爾培傳記」讀之，陸子欣公所購贈也。
午餐後擬小睡而不能合眼。遙念武漢不知是何情形。幸學
素受創後未發熱，心中稍慰。下午五時舟抵塔市驛，在監
利之對岸，為華容縣境。與同人等上岸散步，覺鎮市雖小
而殊殷庶，此為余第一次履湘境。七時回船晚餐，餐畢，
即就寢。

10 月 25 日　星期二　陰雨　六十八度

六時醒，覺腿部酸痛異常，蓋二十三日上岸時急行
於江邊泥渚上泥深沒踝，殊費力，當時不甚覺，事後始發
覺也。以連日少睡，乃再睡補足之，十時十五分始起。與
同人等共話，至十二時午餐。餐畢不復思睡，舟中無報可
看，不知武漢如何。午後與芷町談到達沙市後之各種準
備，旋唯果來談，五時舟抵藕池口停泊，以天雨未登岸。
夜囑錢司書調查前日遇敵機時被傷名單，計輕重傷十三
人，死七人，念念不勝惻然。十時寢。

10 月 26 日　星期三　陰晴　六十九度

六時醒。昨晚悵念家園，不能成眠，睡中屢為奇幻
之夢驚悟，故精神甚不暢。既醒後，睡至九時始起。今日
天陰多雲雨，向午晴霽，舟中人以日前之事咸有戒心，午
餐後後相約不午睡，與唯果等研究今後抗戰之局勢。唯果
始終以為日人將不待一九四〇年而向正義屈服，否則即整
個崩潰，視其國內有無大政治家而已。一時預擬電稿，拍

致王侍衛長。三時舟抵沙市，先由芷町、祖望上岸，訪警
察局朱局長鼎鈞，良久始來。知公展已有覆電，所派之
車，明日當可到。並延請復和醫院童醫師（佳亮，字井
崗）為學素換藥，童君慈谿籍，異地逢鄉親，倍覺親熱。
以本輪大副陳南山及其子託彼醫療，旋即登岸，至聚興誠
訪次宸部長及雪竹總監，彼等從漢宜路來，昨晚始到也。
知武漢已有敵踪，撤退之軍器車絡繹不絕，在雲集餐室晚
餐，十時登舟就寢。

10月27日　星期四　晴、下午雨　七十度

五時卅分醒，芷町、祖望二人昨晚睡極遲，而五時
即起，蓋通夜未睡也。余以藥力之助，睡足六小時，精神
稍復。詢祖望，知竺副官已以大小車六輛來接矣。以安排
須時，且天時晴朗，決待下午啟行。七時後移舟沙市對
岸，到村中人家暫憩。其主人孫姓業農，一家勤勞，庭院
尚修潔，對我等款接極殷，即備飯在其家午餐。餐畢小
憩，天大雨，以昨晚雪公之勸，乃遣學素回宜昌轉重慶療
傷，學素臨行依依，余亦殊有感也。裝載行李畢，已六時
卅分，乃上公路就道。天黑路濘，車行極險，過黑狗塘
渡，已十二時，不能前進，即與芷町、唯果等在車中假寐
待旦。

10月28日　星期五　雨

昨晚未入睡，僅四時後一合眼而已。六時始見曉

色，細雨不止，詢前面，知為港關渡口。前面有卡車擁塞，第一批渡後，輪駁久不來。八時派竺副官以小舟往催，久久始至。渡至對岸後，則前面有軍法總監部車，久起不上，因坡岸陡峻，而泥濘極滑，想盡方法，不能上，臨時無從雇夫，余車在其後，待之良久。余等至村舍小屋暫憩，燒水止渴，欲購雞子而不可得，鄂民之窮，鄂政之壞，可想見矣（港關本有兩碼頭，新碼頭為重車兩輛所塞，木板壓壞不能渡）。十一時始克渡畢，到公安縣政府午餐。縣長方擴寧，涖任五年餘，治事不甚切實。午餐後稍霽乃起行，一時卅分過北關渡，後方勤務部第二兵站支部長（潘源，字月潭）在彼招呼。遇交部秘書高大經，相約同行前進。過鮑關渡後，路尚平實，約卅分鐘即抵東嶽廟，白茲入湘省境界（澧縣）。路面無沙石，濘滑不堪，將抵澧縣北之十餘里更甚，此為沙市、常德間最難行車之一段矣。自此段後，則路基結實而寬平，不亞於吾浙之蕭紹段。渡澧水時之輪渡，設備與管理悉臻上乘。自茲過臨縣而達常德，六時卅分到常德縣城。同車均覺飢餓，先至福祿林飯館晚餐。餐畢，覓旅館，均告客滿。不得已至縣政府訪縣長鄭達，承其留宿，遂與芷町等下榻焉。警備司令唐生明來訪，同至其公署，以長途電話與世和通話。十二時歸寢。

10 月 29 日　星期六　陰、午後霽

五時卅分聞號音而醒，六時十五分起。與鄭縣長

談，覺其樸誠切實，治事有條理，良吏也。早餐畢，到警備部再訪唐司令，與公展通長途電話，十一時辭唐司令而行。過常德渡口（極擁擠）後至益陽，又過一渡（蓋資水也），自此經寧鄉，寧鄉有兩路，可通長沙亦可通湘潭東站，路亦良好，四時到湘鄉，進城午餐於何同林餐館，治饌極精美，菌羹尤佳。五時繼續啟行，抵湘潭，過渡口兩道。前車擁擠已極，再四交涉始放行。過湘潭後乃直趨衡山，約一小時餘即抵南嶽市。八時正到南嶽祝聖寺，與希曾等相見，談途中情形，均稱險極。時遲不及上山，乃與芷町宿旅行社，一時寢。中國旅行社在南嶽有兩招待所，一在半山，一在南嶽站之右側，余所住者為站旁之招待所，其主任沈順奎（育英），江蘇上海人。

10月30日　星期日　風雨

七時即起，睡眠大減，由心思不寧之故也。知同茲亦寓於此，乃往訪之。接佛兄感亥電，知此三數日內港滬謠言極熾，渝地亦傳說紛紜，國事日棘，交通日艱，人心之安定至為不易。交涉山上房屋無眉目，午餐後倦極思睡，先遣維庸上山，旋聞已覓定李覺公館為余暫住，乃就枕小憩。然神思紛雜，實不能睡。同茲來談良久始去。四時訪味辛於石莊，未遇。閱數日來之文電。四時卅分雇肩輿登山，途遇風雨，六時卅分始抵磨鏡台。晚餐畢，補記日記後，即就寢。

10 月 31 日　星期一　陰雨

　　七時起。昨晚睡足八小時，疲勞已完全恢復。整理文件，並閱國防會議第一〇〇次紀錄。又囑祖望譯陶孝宗來電，電碼錯誤極多，研究改正之。十一時備水洗澡，一星期來之行塵拂洗一空，頓覺輕快。午餐畢，小睡一小時。同茲送來參考消息，摘其要目標點呈閱。為交涉住所事，與山下通電話數次。竺處長來訪，略談即去。傍晚到官邸游覽，遇端納，賀余得脫險，並述其自滇回漢及由漢飛出時之所經歷。七時回寓晚餐。九時聞委座已回，即往謁。承垂詢舟中情形，溫慰備至。蔣夫人更詳詢當時情況，為余稱幸者久之。十時歸寓補譯路透電（廿二日汪先生談話），十一時卅分就寢。

10 月份之回溯

　　本月共卅一天，參加會議及會談五次，擬重要電稿八件、撰擬雙十節告國民書、為日寇侵粵告粵軍民及海外僑胞書、參政會第二屆開會致詞（芷町擬初稿），又軍委會發言人談話稿，又委員長重申抗戰決策告國民書等六件、審閱外交報告及宣傳要點五件、財政金融之報告二件、選輯講詞並審訂目次各一件、代中央黨部修改書稿二件、代蔣夫人擬電稿二件，見客六十二人、訪友十五次、赴餐四次，在旅行中者七天。以戰局緊張，又值國聯通過決議案之後，故工作仍注重於外交宣傳方面為多。自十五日以後，粵海告警，敵勢益張，憂憤百端，莫可名狀，卒

於二十四日轉移陣地，放棄武漢。自茲抗戰轉入更艱鉅階段，個人之生活及工作亦將與以前之十六閱月迥乎不同矣。孱軀薄植居於最高當局近侍之地，而毫無靖獻，以分憂勞，往往中夜驚醒，不知何以自處也。二十三日王家洲遇敵機掃射，幸免於害，實屬危機一髮。留此微軀，儼同再世，倘復不知奮勉，其將何以為人乎。此月中精神疲散者約十日，但尚能支持，唯腦力終覺不濟耳。

11月1日　星期二　陰雨　五十七度

晨八時起。以譯件送呈委員長，旋以電詢同茲，告國民書內容，十時同茲以在渝發表之全文抄示，即呈閱，並以參考消息摘呈。十一時卅分到官邸午餐，委員長謂國民書可即發外電，使敵知我抗戰到底之決議也。對汪先生養日談話，委座以為與既定國策無違背，滬評不足介意。午後辦理文電六件，世和、國華來談，良久而去。七時卅分到官邸晚餐，委員長深以諸人無恙為喜慰，屢屢言之。夜芷町、唯果上山，核辦數日來接到之文電十六、七件，至十二時始就寢。

11月2日　星期三　陰　五十六度

晨八時起。辦發國外電報六件，又致江先生商提案電，致朱秘書長商全會日期電二件，十一時到官邸呈核。晤徐次宸部長，略談即歸。十二時以本日敵人廣播消息呈閱，並請示對英使態度。委員長言，尚在研究中。又追回已發致參政會一電。午餐小睡，神經緊張，未成眠。三時起，續發電報八件，核定訓詞一件（戰警訓練班畢業）。慶祥來談，旋俞樵峯、周恩來兩君來訪，竺副官、張司書均來請示，碌碌半日，不得一刻閒。七時委員長約余及芷、果前往晚餐，餐畢與唯果同歸。陳辭修、羅尤青兩將軍來訪，談今後建國建軍之要務，十一時卅分始去，核辦本日文電七件，摘呈報告二件，發七十七號家書，以唯果明日赴長沙，託其帶去，不知何日得寄達耳。遂就寢。

11月3日　星期四　陰　五十九度

晨七時醒，八時十分起。即至官邸謁委員長，報告敵人廣播消息。九時回寓，唯果來談，同進早餐。餐畢，國燾來訪，旋平遠、玉龍兩兄來談。平遠告戰況甚詳，玉龍報告郴縣情形，並研究公物安放寄頓之辦法。十一時再謁委員長，命發致胡大使電，詢我如宣戰，則美國採何態度。午餐後小睡一小時廿分，甚酣適。三時至官邸，面陳一日英相談話大概，疑為敵人淆亂聽聞之詞也。送行後即至福嚴寺訪李協和將軍，談一小時而歸。聞澤永來湘，當為設法覓事。夜剪貼參考件。十一時寢。

11月4日　星期五　陰　六十度

九時起。閱中央社參考消息，見敵政府三日發表宣言之全文，公然以東亞宰制者自居。近衛同日廣播講演，更復抨擊維持現狀之不當，而欲重建新秩序，儼然德意聲口。恐委座尚未閱及，以長途電話轉述，囑國華記錄呈之。十一時卅分李協和先生偕其次公子來訪，對余備致慰勉。午餐後與芷、望同出步行，先至福嚴寺，繼至三生塔院小坐，又擬往游南台寺，以路滑未果，三時歸寓。午睡極酣適，四時作家書第七十八號，又寄大哥一書，由長沙寄發，不知何日得達耳。夜閱情報，處理文電十件，與芷兄長談，並整理文件。十二時寢。

11月5日　星期六　陰晴　六十一度

八時起。閱情報多件。九時卅分聞打鐘聲，詢防空部，知敵機過衡山，乃與芷、望出外散步，旋至官邸小坐而歸。研究陳辭修部長所送之中國學生軍總章及專科以上學校軍訓辦法，送辦公廳辦理之。與俞秘書通電話，以參考消息送長沙轉呈。午後綜閱二十二日以後之報紙，擇要紀錄，並準備某項訓詞（未就）。夜芷町來談本室到湘後應行整理各事。今日四組鄭、陳書記、熊司書均上山辦公。十時卅分寢。

11月6日　星期日　晴　六十三度

八時卅分起。昨晚睡足七小時，晨起精神較佳。閱廣播消息，知蒲圻、通山均極吃緊，可勝憂慮。十時李協和先生來訪，言山居不適，將赴零陵療養，向余辭別，請備汽油，函第一組簽發之。向午與國華通電話，一時未歸來。午餐後仍小睡一小時。核改訓詞稿第二篇，接桂林來電，知蔣百里先生四日在宜山逝世。如此人材，環顧國內實亦寥寥，方幸其主持陸大，必與建軍前途有所貢獻。竟爾殂謝，豈勝悼惜。為委員長發電致唁，並告同茲拍新聞電。傍晚核辦文電九件，覆騮先一電，為祝誕事，告以感國百里，勿為此無益之舉。我言雖傷切直，然不得不言也。夜與望弟談家事及工作要點，檢點舊報，分類剪貼，不覺夜深。就枕已十二時餘矣。

11月7日　星期一　晴　六十一度

晨七時卅分起。今日天氣晴美，長空無雲，以前一星期之霧氣瀰漫，廻乎不同。早餐畢，與祖望攜杖出行，至福嚴寺參觀南嶽華嚴研究社。僧徒卅人，皆年二十許，隨班上課，秩序井然。出至三生塔院，發致胡適之君覆電，即交機要室拍發。十二時歸，聞防空警報，至地下室暫憩。旋聞敵機二十四架襲衡陽後已回飛矣。一時卅分午餐，餐畢小睡至三時醒。招竺副官及維庸來，決定本處人員攜帶行李及準備車輛等辦法，與唯果、國華通長途電話。張秘書劍鋒來談。傍晚處理文電六、七件。夜讀比王傳記。十一時就寢。

11月8日　星期二　晴　六十二度

七時卅分起。閱中央社參考消息，知崇陽、嘉魚均失陷，敵勢愈張，痛憤曷已。適之來電，告美國有再舉行九國公約會議之意同，原電寄國華轉呈。十時四十分山上聞警報，往磨鏡台地下室暫避。旋聞彈聲，高射砲聲極清晰，知在衡山逞虐，轟炸車站。又五十分鐘，有機聲掠山巔而過，見者數之為十二架云。一時卅分始解除警報，午餐已二時矣。午後小睡，乃至沉酣，夢見伯母與君雋談，醒而憶之甚清晰。余來山以後，三夢君雋，前所未有也。五時睡起，散步庭除。傍晚處理文電十件。夜改定訓詞二篇（一、長沙分校，二、集訓一般訓詞，代開學訓詞用），撰集訓畢業詞一篇，深夜始完稿。一時寢。

11 月 9 日　星期三　晴　六十四度

　　七時卅分起。中央訓練團榮譽隊邀請講演，婉謝
之。複閱昨擬訓詞稿，呈閱各種情報。知敵人對北主守，
而西向、南向甚急，長沙已疏散難民矣。十時五十五分發
警報，敵機飛衡陽、衡山投彈，並在南嶽市肆虐，祝聖寺
及南嶽街均落彈多枚，且在山間盤旋窺伺甚久。一時卅分
歸，匆匆進午餐，餐畢警報又作，直至三時始解除。衡山
有火煙騰起，想二次轟炸甚烈也。昨晚睡不足，今日神經
不堪刺激，勉思合眼靜息，終不能入睡。六時起，辦發文
電九件，與芷兄談國事，憂急無已。夜與國華等通長途電
話，知明日將歸。接平遠、唯果各一函。唯果函送支日與
卡爾談話稿，摘轉孔、王及顧、郭兩大使，事畢就寢，已
十一時卅分。

11 月 10 日　星期四　陰晴　六十三度

　　八時起。連日睡眠不足。精神殊不佳。辦發文電
五件。接孔電（告演詞）及齊燠電，均轉長沙。十一時
又聞警報，敵機二批自湘贛邊境來襲，尋聞在醴陵、瀏
陽等地投彈，一時卅分始解除警報。毛、古、榮諸秘書
來談。午後小睡至三時卅分起。世和到南嶽，擬舉行會
議，即與芷町雇輿下山。途中遇趙效沂君，中央日報之
特派員也。與之坐路側石上，談卅分鐘，遂循聖經學校
旁之大路到祝聖寺。六時舉行會報，鄒、王、陳、陳及
唐參謀出席，討論行動各案。十時畢，仍上山，十一時

卅分到達。十二時寢。

11月11日　星期五　陰晴　五十八度

八時卅分起。唯果來談在嶽麓見英使之情形及軍政
會議決定之要項。十一時十五分聞警報，往官邸小憩。旋
聞敵機在湘潭投彈後飛回，乃歸寓午餐。餐畢已二時餘
矣。往見蔣夫人，商行期，談卅分鐘歸。接適之庚電，摘
呈之，並簽呈一件，均託唯果帶去。司機潘儒泰不聽約
束，決予開革，交祖望，下山辦理之。傍晚又接適之佳
電，仍抄呈，並將兩電抄轉汪、孔兩先生。土耳其總理十
日逝世，以其為復興英傑，擬請委員長去電致唁，擬稿呈
核，均託蔣夫人帶去，並核呈電文三件。夜與芷兄等商旅
行各事。十一時卅分寢。

11月12日　星期六　晴　五十二度

八時卅分起。昨晚風勁天寒，今晨溫度驟降，加衣
一襲，始稍暖。與芷町等規劃出行各事，電佛兄及佩箴先
生，託預賃房舍，恐已不易得矣。達程來辭別，言將迤赴
重慶，知昨日為其五十初度，向之祝賀。此公夷曠而誠
篤，侍從室同人中別具一格者。向午同茲、顯光兩兄上山
相訪，談此後宣傳通訊之布置，擬搭乘本室車輛，為條致
第一組接洽焉。經濟部來電，請飭後方勤務部幫運宜昌機
件，即為辦發，再補呈委員長。此後物力日艱，工業設備
之重要，不減於軍用品矣。閱中央調查局情報，絕少重要

之消息。傍晚天更寒，與望弟談家鄉事不勝悵望。夜洗澡，十一時寢。

11 月 13 日　星期日　陰晴　五十一度

八時卅分起。九時接國華來電，有暫在衡山待命之諭，與芷町等研究，當非變更原定行動意，乃覆一電，告先赴桂暫候。十時開始整理行裝，陳清忽患瘧疾，不能起，殊為可憾。敵機兩批過衡，約一小時餘始解除。午餐後小憩即下山，至祝聖寺進餐畢。四時四十五分遂偕芷町、祖望、寶澧等偕同人一行九人由南嶽出發。七時十分過衡陽，十時過祁陽，渡河小憩，十一時卅分過零陵，二時卅分渡黃沙河，同人皆覺飢乏，且覓民夫渡河甚久，乃在對岸進全食。自茲達全州，即廣西境，繼續前進，於曉色迷茫中到興安，蓋澈夜未睡也。

11 月 14 日　星期一　陰晴

過興安後七時渡大靈河，到靈川，八時到桂林，逕赴樂群社暫寓。整理清潔，略如勵志社，聞為五路軍部所主辦也。早餐畢，鄒斅公來，旋桂省會警察局長周炳南（尉民）來訪。謂本市人口十二萬，近日每日增二千人云云。午餐畢，莊仲文、黃季陸兩君來談，正擬往訪黃旭初主席，而旭初已聞余至，到寓相訪，談卅分鐘而去。以倦甚小睡，至四時五十分起。段書貽君來訪，言明日將去祁陽。晚餐後與芷町等外出散步，至十時歸寓。接閱電報多

件，均衡山所收者。中央社記者方國希、桂分社主任陳純粹及大公報記者王文彬，先後來訪，均未晤。吳紹澍（雨聲）君來訪，亦外出未晤。十一時寢。

11月15日　星期二　晴

八時卅分起。昨晚以太熱，睡眠不寧。中夜屢醒，體上發風塊細癧，甚覺不舒。晨起，精神殊不爽。九時五路軍總部副官處長唐希抃（鶴琴）君來訪，偕同至總部訪夏煦蒼參謀長（威）。與斅公同往，稍事寒暄，即辭出。唐君邀往參觀在藩署所布置之行轅，周視一過，即出至省府，答訪旭初主席。在省府辦公室晤蘇秘書長子美（希洵）及孫總務處長紹園（仁林）及雷委員沛鴻（前教廳長）。與旭初談約一小時，請其代接前方長途電話，久未接通，聞衡陽、零陵間通話極忙碌也。旭初告余，廣西省黨部書記長為陽叔藻。旋即辭出，在樓下見李郭德潔夫人。十一時歸寓，莊仲文君約往遊山，季陸及其友陳燦章同行，擔任嚮導，遂與芷町、寶澧、斅公及程、唐兩參謀同往。出東江門，渡河越橋而至月牙山。繼遊龍影岩（亦名龍隱），參觀元祐黨人碑，已漫隱不可辨認。仲文在山寺備素餐，邀同午膳。膳畢，續遊七星岩，由後岩通前洞，導者秉火炬前行，隨行隨作說明。所見岩石及鍾乳奇詭萬狀，約行卅分鐘始畢，誠偉極矣。出洞經普陀山循原路入城，仲文留談約一小時而去。就枕小憩，直至六時始醒。黃季弼君來訪，旋雷渭南廳長（殷）來談抗戰國策甚

久。七時偕芷、澧、望同赴某酒家晚餐，肴饌多粵味。芷町以為極甘美，余則不習慣也。飯後步行半小時，購車胎不得。十時歸，張任民參謀長來訪，略談即去。十一時卅分寢。

11 月 16 日　星期三　晴暖

八時四十五分起。昨晚雖服藥，而仍未熟睡，但精神較昨為佳。閱省府送來之廣播收音摘要，錄存備呈覽。十時卅分聞空襲警報，偕祖望出南門，轉往老人山暫避。沿途見市民傾城出避，路途擁塞，又無防護團等指揮，洵屬危險之至。十二時解除警報後回城，至中山公園獨秀峰下，訪雷渭南未晤，偕芷、望至杏邨川餐社午餐，二時回寓小睡。發重慶佛海兄電，以久不作家書，託其以行蹤轉告碚寓。四時中央分社主任陳純粹及沈九香兄來談。旋塵蘇大使來談。六時渭南再度見訪。談縮小省區事及淪陷區行政設施。夜味辛來談甚久。作致四弟書。十一時卅分寢。

11 月 17 日　星期四　陰晴

八時十五分起。芷町、慶祥等約同外出早餐，食麵食三、四種歸寓，訪吳立凡君，談蔣百里先生之卹典事。斅公來談，二十分鐘而去。摘呈廣播消息十八則，處理電報八件。莊仲文君二次來訪，贈余桂林市區圖兩張。午餐後小睡一小時卅分鐘，無事飽睡，竟不知是何等生活也。

接國華來電，言委座欲余暫留桂林。四時至舊藩署，視居處，指點陳清為我布置之。歸寓後續辦文電五件。廣西日報記者葛光法（孟平）來訪，略談即去，余頗覺其幼稚。七時至東坡酒家晚餐，慶祥所邀也。餐畢歸寓，至大利旅社訪曾虛白，知近三日湘桂道上擁擠極矣。張客公國燾來訪，均未晤。今日張劍鋒、竺鳴濤均自南嶽來，項傳遠君亦乘火車來此，侍從室同事漸集矣。夜十一時卅分寢。

11月18日　星期五　陰晴

八時卅分起。張國燾君來訪，謂挈家在桂林鄉間暫住。上有老母，不慣居異鄉，不久擬入蜀云。詢余國際形勢，最近有無變化，以所見約略告之。此君見解頗平正，視陣線論者不同，然余未與深談也。王造時君自渝來此，亦寓樂群社，偕黃季陸兄來訪，謂將赴第九戰區執行軍風紀視察團任務，但到衡陽以後，即無法取得交通工具，託余設法。為輾轉訪詢，始知辦公廳僅有朱科長卓然在此，而總務處長楊君、交際處長竺君皆不能負責，遂告王君逕覓朱科長商之。摘呈本日廣播消息，並轉去軍報四件。下午與劉塵蘇談重慶參政會開會情形。王造時再來訪，談渝地情況。三時忽聞機要室得湘電，囑準備移黔，不知國華等行動又如何也。傍晚何雪竹總監來談前方戰局甚久，對於部隊指揮聯繫之困難深致慨歎。夜張客公君來談，旋李任潮及胡令予（宗鐸）兩君來訪。任潮談今後抗戰要點，宜以山西為法，並告余廣西之民生情況等，謂廣西一省，

山多於地，土質又不佳，故農產不豐，然人口少，米糧尚
可運濟廣東云。任潮極健談，十一時卅分始去。

11 月 19 日　星期六　晴

　　八時卅分起，聞我軍反攻廣州近郊，湘鄂間戰況亦
漸趨穩定，為之喜慰。十時聞空襲警報，與雪竹先生同至
中山公園獨秀峰下之縣政訓練班，訪旭初主席等，談至
十一時十五分歸寓。鄭介民君來談交涉派車事，為電昆明
西南運輸處撥車備用。午餐後小睡，以補連日睡眠之不
足。浙大理學院長胡剛復及諸葛振公等來談甚久，傍晚張
淮南君來談。黃季弼君約往市樓晚餐，九時四十分始歸。
致王惜寸君一函，託鳴濤帶往。十二時寢。

11 月 20 日　星期日　晴

　　八時起。閱廣播消息。摘要標出交繕。八時卅分竺
副官及各職員自衡陽乘火車抵此，澤永甥亦隨來。九時卅
五分聞警報，再往獨秀峰縣訓班晤李協和、俞寰澄諸先生
及桂大白校長與邱、黃兩廳長、梁朝域委員及張君度（五
路總部辦公廳副主任）諸人。十一時解除警報，聞敵機在
賀縣八步投彈。歸寓。芷町攜文電來。商對各機關不相聯
繫，備極憤慨，所言有過於激昂。午餐後大公報記者王文
彬君來訪，談粵事及外交。傍晚約同事諸人至某川餐社晚
餐，張淮南、黃季弼兩君均與焉。夜與慶祥研究處理來電
辦法，發蔚文、國華各一電。十一時十分寢。

11月21日　星期一　晴

八時十五分起。近日晏起成習，不能改革，深自愧憤。閱報知長沙二日大火案負責諸人已有處分，酆力餘竟因此受槍斃之刑，亦可為輕躁不沉著者鑒戒。九時廿分聞警報，逾十分到獨秀峰下，即聞緊急警報，敵機二十四架襲桂垣，入峰下暫避之，約一小時許始解除。知飛機場與桂北路與圖書館均被投彈，唯損失不多。與莊仲文君等同歸樂群社，邀仲文共飯。午後盧于道君來訪，旋陳副官占榮來報告由衡來桂情形，下手條兩紙飭各職員檢點行李，減少件數，黃琪翔次長來談百里先生安葬情形。夜作五十一號家書，明日航寄。又訪譚平山君，談青年團事，十一時寢。

11月22日　星期二　晴

七時四十分起。陳希曾由南岳來，知委員長曾至長沙，四、五日對長沙大火案甚為憤怨，親自審理是案負責諸人，至二十日始離長沙到南嶽，擬日內約集各將領討論戰事部署云。整理數日來情報，飭人購香港大公報不得，謂只有十三日之報紙，昨日始到，此可見郵遞之艱矣。為澤永作介紹書，囑其往訪胡愈之君謀事。下午訪何雪竹長談，傍晚約諸友人，至北平東方餐社晚餐。今日余精神較佳，散步園中若干時，與前四日抑鬱無聊完全不同。夜讀書二小時，十二時寢。

11 月 23 日　星期三　晴

八時四十分起。以手錶停滯，誤記鐘點，故又遲起。接佛兄來電，云已為余租就房屋。然余留滯桂垣，已將旬日，尚不知何日克以成行也。與寶澧諸兄談侍從室總務方面各事，多可慨憤者。如此次行動中，本向西南運輸處借就卡車四、五十輛，而鄒副主任匿不余告。即汽油車胎等材料亦攜備甚多，但均秘運鄉間，藏於其戚家。而我等日前費盡周章，竭三日之力，始克購買汽油百五十加侖，到處覓購車胎不可得。昨日芷町等往鄒之戚家，始發現有存貨，如此割裂自私，毫不相顧，已屬可惡；且聞利用公家車輛，為其戚搬運穀麥。此種貪鄙行徑，直是腐敗軍閥下副官馬弁之行為。余數年以來，所以含垢忍苦，每日均有羞與為伍之感覺，實非偶然也。十時往游月牙山，希曾諸人均往同游。午餐後步行歸，小睡又一小時餘，真覺得睡眠太多矣。與芷町往大華飯店訪李協和，聞往游陽朔，不晤而歸。夜以芷町約，赴天然酒店晚餐，食桂林菜，與粵饌相同，毫無佳味。回寓讀書二小時，十一時卅分寢。

11 月 24 日　星期四　晴

八時卅分起。昨夜夢在慈谿，與君木師談話，連日念家鄉甚矣。接唯果兩電，國華一電，知彼等須月底來此也。午前摘閱情報，知敵軍近日注重陝豫，對粵漢路無急進模樣。聞湘中消息，敵在武漢留三師半，作工事固守，

而將其餘四師調往京滬一帶，未知確否。陶孝宗來兩電，謂敵海軍主戰，陸軍則否。午約雪竹等至東方飯店午餐，午後中央黨部段君及川省府駐湘辦事處主任袁育梵來訪。傍晚焦參謀自南嶽來，攜來林主任函，囑先運物件入蜀。積卿姪女偕姪婿來訪，作一函寄大兄，託其帶往，彼明日去滬也。夜十一時卅分寢。

11月25日　星期五　晴

八時起。昨晚有胃痛，致睡眠不佳。雪竹貽余消導片一瓶，服之良效。閱廣播消息，知敵在粵省勢又猖獗。接陶孝宗來電報告吳子玉之態度，轉電蔚文，便為轉陳焉。協和先生來訪，謂外間傳說蘇俄將造成張高峯事件；又傳英法美聯合封鎖長江口，此時一般人倚恃外力心理之反映也。午後約鄒戮公及四組、一組、二組各同人在寓舉行臨時會報，決定車輛分配及運送物件人員之步驟，討論歷一小時而畢。何玉龍來談，定明日去南嶽。傍晚到環湖路莊仲文家晚餐，方之亦來會。九時歸寓，雪竹來談。十一時寢。

11月26日　星期六　晴

八時起。何玉龍送來報告一件，陳明因病請假，不能回南嶽留守，甚怪其不明大體一至於此。閱廣播消息摘要，今日所收者無敵京及臺北廣播，殆為省府所略去也。午刻約雪竹等至某無錫館午餐，餐畢理髮，積旬塵

垢為之一掃。四時張客公來談知將赴漢，贈以川資二百
金。接四弟來函，為浙大運書事，頗感無以相助。傍晚
張公權部長來談渝方情形甚悉，又談交通方面撤退計
畫，謂擬囑附屬機關留在地不後撤，其言亦甚精當。夜
仍至無錫館晚餐，餐畢歸寓。項定榮君來談青年團事，
甚久而去。十一時寢。

11 月 27 日　星期日　陰晴

　　七時五十分起。昨晚服藥兩丸，亦僅睡六時，然睡
眠尚酣，故今晨精神較佳。摘呈情報數件，並檢貼兩週來
之報紙。十時與斅公、希曾商本室各事，向西南運輸處接
洽之車始終未到，決計明日先派金書記等赴渝。張淮南來
談甚久。午仍至四五六無錫飯店午餐。到桂以後，幾於每
日外出就食，以樂群社冷菜冷飯不堪食也。午後步行至桂
西路商務書館等處購書多種，歸而讀之。六時卅分雪竹約
往中南路某粵餐社食海狗魚及果狸等，芷町等嘆為珍品，
余實不知其味也。夜與雪竹談大局甚久，十一時寢。

11 月 28 日　星期一　陰

　　八時十分起。到桂林已兩週矣，旅處待命，既無固
定工作，又不能對職務內事有所準備（例如關於下月將舉
行之全體會議，因久不得重慶消息，欲準備亦無從著想
也）。日復一日，甚覺無聊。為收拾放心計，向坊間購舊
書數冊讀之，今日遂未出門。午前韓亮仙君來談，午後王

德溥（教部舊同事）君來談，傍晚胡愈之君來談。雪竹再約晚餐，辭而未赴。夜雪竹、仲文、芷町諸人群集余室談話。十一時寢。

11月29日　星期二　晴

八時十五分起。昨晚未脫睡衣而睡，天時太暖，遂致傷風。晨起咳嗽不已，氣管枝作痛，甚感不舒。希曾等為交涉卡車事，就余商討甚久。十時鄰街起火，與芷町、寶澧及望弟等往城外散步，觀防空山洞多處。十二時歸寓，敫公來談，決定派榮秘書往柳州接洽派車。午至東方飯店午餐，回寓後繼續商談本室各事。接南嶽電話，知林主任等明日動身來此矣。朱枕梅、雷渭南諸君來訪，均未晤。向晚傷風益劇，夜與芷町談處務。十一時卅分寢。

11月30日　星期三　陰

九時卅分起。昨晚傷風甚劇，睡夢中有發熱之象，故今晨異常疲憊。盥洗未畢，即聞空襲警報，即與雪竹先生及寶澧、澤永諸人同赴中央公園暫避。途中遇希曾、芷町、祖望等，相約同行，暨至獨秀峰下，總部唐處長、省府孫處長，約至縣訓班辦事處樓上開談話會，商量明日各種警戒與布置問題。談話甫畢，即聞緊急警報，與諸君同人入獨秀峰之岩洞內，即聞機機分批來襲，在省府前及中北路、桂東路、桂南路等處投下巨量炸彈，余等在防空室內聞炸裂聲甚巨，室內空氣亦為震動，至十一時四十五分

聲響始寂。聞省府盡成灰燼矣。街市濃煙烈焰四起，消防車只一輛，不敷澆救，損失不可數計。一時解除警報，繞道步行歸寓，略進餐，即偕鄒斅公等同赴虞山廟參觀。該地岩洞天成，寬廣平坦，擬在此布置行館也。四時五十分回寓，作家書一緘（六十號），又致佛兄及岳軍、雪艇各一函，託雪竹明日帶渝。十時同茲來談。十一時寢。

11 月份之回溯

本月共三十天，住南嶽十三天，住桂林十七天。除撰發學生集訓之訓詞二篇外，無他文字工作，僅核講詞序言稿三、四件而已。委員長三日離南嶽後赴湘轉粵，又由粵返南嶽，而余適以此時奉命先行，其後因長沙事件及商討軍政事，委員長又往返長、衡間，致久不來桂，余未及隨行，不獲稍分憂勞。留滯桂垣，消息阻滯，深自愧疚。又以敵氛日熾，沿途見聞多可慨憤之資料，俯仰公私之間，殊覺百無一是。故此一月中身體雖較健適，而心緒最為紛雜。自知修養工夫異常欠缺，發言處事多有激越失度之處，而往往一發即不能自禁，蓋憂思所激，實太深矣。自茲以後，國事益艱，工作將益繁重，瞻望來日，真不知如何乃克無愧於人，無負於己也。

12月1日　星期四　陰

六時卅分起。七時到湘桂車站接候專車。晤白健生先生，知昨晚方由湘來桂也。旭初主席及夏參謀總長以次均先在站。旋與前站通電話，知專車須三小時後可到，乃與效公同返城，偕芷、寶、望諸人到柳林飯館早餐，食牛肉粉條及稀飯，各盡一器。九時廿分再至車站，聞有敵機從八步向桂林飛，共九架。即發警報。遂決定先派車五輛，到甘棠渡候接，余等乃先至虞山廟等候。晤黃同仇、蔣培英、陽叔葆諸君及電政管理局長梁君。十一時委員長來虞山廟，旋林主任等亦相繼到桂，向委員長報告別後情形，並同出游覽一週。一時進城，至藩署，國華、唯果等先後至，二時卅分午餐畢，回寓小憩。五時到藩署，再謁委員長。六時偕林主任同至通訊兵團辦事處訪白健生，商定在桂日程，並與張伯璇次長談。七時卅分歸寓晚餐，夜唯果來報告在湘見聞各事及長沙事件處理經過。接四弟兩函，一係南嶽轉來。十一時卅分寢。

12月2日　星期五　晴

七時起。盥洗畢，復至行轅一轉，與項侍從副官接洽今日接見來賓事。七時卅分到環湖路訪黃旭初主席，居處樸儉無華，令人心折。八時回行轅，見委員長，奉命約李重毅及兆民來見，通知侍從副官室辦理之。旋即摘呈廣播消息。祖望來談，勸余移住通訊兵團，余以不便分住卻之，但以為芷町如願在彼辦公亦不妨也。十時至會客室，

與伯璇次長及俞星槎主任談話，並晤交通兵團蔡團長宗澧
（態度略帶傲慢）。十時卅分旭初來行轅，即聞警報，入
告委員長，謂當另約再談，即與旭初同至獨秀峰。約二十
分鐘後，敵機即入市空，在西南區投燒夷彈炸彈多枚，環
湖路一帶起火甚烈，嗣聞兩批轟炸機群，直至一時卅分始
解除警報。仍返行轅，與委員長同午餐，席間指示準備全
會宣言之要點。餐畢至樂群社，與唯果同往訪譚平山及兆
民等，並視貴嚴。未幾蔚文挈眷來，始知其小白果巷寓所
完全被燬矣。四時卅分至行轅，偕旭初入見，並與青年團
各幹事（平山、書貽、兆民、程思遠、項定榮、唯果）偕
同進見。委員長詢團務狀況並指示工作要點甚詳，並授余
黨的建設一書，囑閱讀付印。六時芷町送來文電七件，閱
定辦發之。並補閱離南嶽後之政治、外交、各項文電約
一百十件，至八時卅分完畢。草草進餐後，返樂群社，校
閱講稿（軍事會議開幕詞）一篇。十一時寢。

12 月 3 日　星期六　晴

七時起。與芷町同至行轅，接辦文電七件。九時委
員長約集侍從室各職員談話，訓示關於支配工作與考核黜
陟之要點，並謂林主任另有任務，本室一處主任派賀貴嚴
主任兼代之。談話畢後，由林主任提出本室改變編制案之
意見，提供各組研究。退與芷町兄等討論，覺頭緒極繁。
旋孫紹園處長來訪。十二時午餐，餐畢返寓小憩，復至行
轅。知委員長出游七星岩未返，招唯果來談。五時委員長

約往談，繼續指示全會準備文件要旨。晚餐後與林主任談，八時舉行會報，討論運輸公物辦法及改革本室編制事，貴嚴亦參加，直至十一時完畢。即歸寓寢。

12月4日　星期日　陰

七時卅分起。昨晚心神煩亂，夢境複雜，屢醒。八時至行轅，偕同桂省黨部委員及省府諸人分批入見。唐處長等來談，卅分鐘而去。核辦來去文電十二件。承命準備演講稿之概略。十二時午餐。餐畢回寓，小睡二時卅分。偕唯果參加青年團會報，討論團務推進之計劃。六時返行轅，委員長再招往，口授全會文件要旨。八時厲生、恩曾兩君來，偕同謁見，退至余室談黨務甚久。九時卅分歸寓，招竺副官來商出行準備。十一時徐培根來談甚久。十二時寢。

12月5日　星期一　晴

六時卅分起。七時偕貴嚴、蔚文至省府禮堂參加擴大紀念週，委員長出席講話，闡述廣西在抗戰建國過程中之地位，並以發展建設與提倡精神教育二事相勖，歷四十分鐘完畢。即至行轅，辦理手諭交辦事件（一、摘述吳楚戰史；二、選購關於名學及辯證法之書籍；三、準備全會提案及闡述黨的理論）。發雪艇、驪先各一電。十時至通訊兵團，以敵機襲柳州，本市發出警報，直至十二時始解除。午餐後在通訊兵團午睡，小憩一小時。與林主任會簽

呈覆關於更改本室編制事。五時回行轅，淮南來談。七時
參加總部省府公宴，九時完畢，再至行轅，與林主任接洽
公務。十時卅分返寓，整理物件，直至十二時卅分完畢。
就寢。

12 月 6 日 星期二 陰

七時卅分起。雷渭南來談，並送到節略一件。八時
卅分至行轅，閱情報，核擬致龍雲一電。十時委員長個別
約見桂省黨政軍負責人，先後來見者：

一、黃主席、黃財廳長、夏參謀長（談省財政及
軍費）。
二、雷殷（陳述政治意見）。
三、邱昌渭（談省教育）。
四、蘇希洵秘書長（談省政）。
五、黃同仇、李任仁（談黨務）。
六、陽書記長叔葆（述黨務概況）。
七、馬君武（述參政會經過）。

余均列席旁聽。十二時畢，核辦文電數件，即至樂
群社參加青年團招待省當局之公宴。由譚常務幹事致詞，
旭初致答詞。二時餐畢，小憩。四時訪郭沫若未晤，與公
敢、愈之、壽康等略談。五時至行轅，核辦本日文電。七
時回寓，忽覺頭痛、胃痛，異常不舒，以明日將行，強起
收拾行李。再到行轅，與林主任話別。十時莊仲文來談。
十二時就寢。

12月7日　星期三　陰

五時卅分起。六時卅分至行轅早餐，七時到機場，黃、白、夏諸人均來送行。以氣候不佳，八時仍折回城內，以待重慶之氣候報告。十時聞敵機竄入貴平，十一時得續報，知貴平被轟炸。十二時決定動身，草草進餐畢，即與平遠組長、唯果、國華兩秘書同赴機場，乘波音機起飛，四時抵重慶珊瑚壩。因天氣惡劣多霧，機師不辨方向，中途在涪陵降落一次，後再飛，故途中經四小時之久。即至行營小憩，與滇生、有常兩廳長談。六時實之弟來迎，知已在美專街為我覓定寓址，允默已自北碚來渝相見，不勝歡慰。夜在德哥寓晚餐，訪騮、楚、戴，均未晤。訪汪先生，談卅分鐘。十時卅分寢。

12月8日　星期四　陰

七時卅分起。八時卅分往大溪別墅訪岳軍，談別後各事，即在彼寓早餐。十時歸寓，國華、國成兄弟及明鎬、日章來訪。十一時以明鎬之約往冠生園午餐。餐畢歸寓小睡醒，知委員長已到渝，至黃山招待所駐節，余以今日無甚要事，遂不往謁。四時學素來，旋鴻濤、君強、耿民、公俠、景薇、濟民及中央社渝分社主任均來談。五時往謁林主席，以出席常會未晤。六時偕允默往訪力子夫婦於領事巷康宅，七時歸。仍至葉宅晚餐，與德哥略談即歸。十一時寢。

12月9日　星期五　陰

七時卅分起。八時唯果來，偕同至儲奇門渡江，到海棠溪換車，至黃山。以委員長昨日到渝，即赴黃山暫駐，以避囂煩也。由渝市渡江約十五分鐘，自江對岸至雲窠約五十分鐘，九時五十分始抵行轅。知已為余預備住室。十時卅分謁委員長，面交全會應準備各事，退至辦公室整理之。十二時五十分再至行轅，朱、葉兩秘書長來見。旋汪、孔二先生及王外長與張主任岳軍均先後蒞止，一時卅分即在行轅會餐。餐畢談黨務、外交及今後抗戰要務。汪、孔、朱、王均有意見陳述，委員長綜合解答甚詳。四時五十分始散。與岳軍同下山過江，途遇大霧，七時卅分始歸寓。十時寢。

12月10日　星期六　陰

八時起。連日因午睡減少，精神略趨疲憊，因故今晨多睡一小時補足之。九時到考試院訪季陶於門首，遂同車過江，並令省吾亦隨行上山工作。十時廿分到達黃山，即與季陶同謁委員長。旋果夫、立夫二人同來謁談。十一時鄒海濱，孫哲生及右任、覺生、力子諸先生亦絡續蒞止，同在官邸午餐。席間討論全會議題及對於中共決議之態度。哲生、季陶、立夫均有重要意見陳述。委員長亦有詳盡之指示。三時散，與果、立二兄同至余室小坐，談敵方企圖與我之決策。四時客去小睡。夜核辦文電七件。閱講稿，即宿黃山，十一時寢。

12月11日　星期日　陰晴

七時卅分起。八時到官邸，諭關於行動及紀念週事，並呈請陳組長芷町改為同少將級。九時退回山上辦公室，於組長平遠來談。辦發文電十五件，發寄四弟一函，十一時卅分渡江返渝市，一時到寓午餐。餐畢，周枕公、金誦盤來談。小睡一小時。四時至曾家岩官邸，偕立夫、淮南入見，談對於中共決議之對策。四時卅分與吳玉章、陳紹禹、秦邦憲、董必武四人來談。委員長以革命大義相勉，謂共黨如認清環境，為國家利益及遠大處打算，應取消組織，加入本黨。秦等表示不可能。六時回寓晚餐。芷町自桂到渝，來談十分鐘去。九時再謁委員長，順道訪騮先。十一時歸，即寢。

12月12日　星期一　陰晴

七時卅分起。八時到行營，出席擴大紀念週，到三百餘人。委員長親臨訓話，談此後努力之根本方針，約七十分鐘始畢。即回寓，與唯果、學素同歸。唯果談卅分鐘而去。力子、九如來談。旋彭革陳同志來談此間新聞界情形。渝市報紙達十七家，可謂太多矣。祁雲龍君來談內政部被調職務事。核辦文電八件。芷町在張宅，午後始來。商住址後，匆匆即去。四時到曾家巖官邸，偕鄧、盧兩廳長入見，承命辦發電報二件，致果夫函一件。六時回寓。七時偕稚公同在官邸晚餐。九時回寓，蔣養春市長來談甚久。余忽然頸項作痛，不知何病。十一時卅分寢。

12月13日　星期二　陰

　　晨八時起。頸痛未已，且加劇。八時卅分到曾家巖與騮先同進見委員長，商談今後對於黨的幹部及青年團幹部訓練問題。騮先去後，委員長口授要點，命擬東亞存亡問題（題再定）一論文。隨聽隨記，歷一小時而畢。又談西南建設之方案。十時卅分偕芷町回美專街寓，擬發川綏署及省府各一電，切誡鄧、潘、王應密切合作，呈核後明日拍發。請濟民、誦盤來診病，以頸項僵直喉頭下嚥時即牽動作痛也。二君斷為傴麻窒斯，處方而去。佩箴、楚傖、仲鳴諸君先後來談。午後小睡一小時。宣傳部送來成都報社調查錄，竟有十七家之多。夜沈衡山來訪。細兒自學校歸省。燈下核辦文電十二件。十一時卅分寢。

12月14日　星期三　晴

　　七時卅分起。整理文件，辦發交辦各件，至九時卅分完畢。以頸項痛未癒，並邀楊醫官來診，注射Novalgin一針。旋芷町來，以經濟建設各案交彼辦發，分交辦理。今日委員長患傷風，未見客。十一時約往談，口授東亞存亡問題補充要旨，約一小時。旋為蔣夫人辦理譯件。至康公館一轉，將布置為辦公室。主人康心遠君（康心孚先生之四弟）出現，略談即歸。應實之約，到生生花園午餐。二時卅分歸。三時卅分至國府出席國防會議一一○次常會，討論預算案（國防建設費達二、○○○、○○○、○○○元）。決議二十七度之預算再延長適用半年。六時

卅分畢，再至官邸報告會議情形。七時應汪先生約到彼寓晚餐。到立夫、楚傖、騮先、雪艇、浩徐等，餐畢談話，十時卅分散。十一時卅分寢。

12月15日　星期四　陰

七時卅分起。頭痛今日似稍瘥。接七弟來函，寄下參考各件，約略翻閱之，未及細讀也。九時委員長再約往談，報告昨晚在汪宅商談應付各黨派問題之要點，承命辦發電報三件，並至世和處小坐，十一時歸。潘伯鷹偕芷町來訪，芷町為余撰聯輓王一亭先生，文曰：

乘桴獨泛滄溟，高節爭傳鷗化去；

絕筆若圖城郭，傷心應似鶴歸來。

甚有風致。午後小睡一小時，發私函三緘。五時至康公館。閱講稿一篇。允默攜細兒往見蔣夫人。六時卅分歸，七時偕唯果到外交賓館晚餐。到博生、顯光、芸生等七人。九時偕唯果回寓，道藩來談，至十一時卅分去。十二時寢。

12月16日　星期五　陰

八時起。繼續校閱講稿未竣事，頸項之痛忽又增劇。九時卅分濟民來診，勸余休息。余亦自感不支，乃就床僵臥，但痛不能止，向午朦朧睡去。午餐後細兒回校，余再睡至三時醒，則頸項之痛乃不可忍。芷町、學素等來視我，但能與之頷首而已。望弟今晨到渝，知在途中行七

日半，因待後車，故在貴陽留兩日也。望弟到時，余亦無
力與之談話。五時後沉睡至八時，痛稍止，此病殊大奇。
今日濟民、誦盤仍來診，改服阿陀芳。夜未熟睡。

12 月 17 日　星期六　陰、下午晴霽

五時卅分醒。再睡二小時，覺頸項之疾較昨日下午
稍平癒。九時誦盤來診，謂急性僂麻窒斯，須養息十天始
能痊癒。余方有工作在身，何能如此淹滯乎。焦憤之至。
今日果夫、志希、騮先來訪，均婉謝未見。所服藥已完，
改用 Prontosil 注射，並服阿陀芳及另一種藥末。口中痰涎
甚多，不甚思飲食。接四弟來信，亦不能覆也。今日整日
僵臥未起，遂覺骨酸臀痛。夜八時乃覺頸項僵痛又劇，輾
轉反側，終不得安貼，甚以為苦，十一時始睡去。

12 月 18 日　星期日　陰

五時醒。昨晚似略有寒熱，今晨覺所患輕鬆許多。
以久臥不耐，遂強起。聞國華等今日將動身北行，乃作函
致賀貴嚴，託其攜致又上委員長函，告病狀，並附呈再生
雜誌第十期，以其中有張君勱致毛澤東之公開信也。十一
時國華、唯果、寶澧諸人均來視余疾，謂因氣候惡劣，今
日不起飛矣。諸君去後，甚覺無聊，閱中國存亡問題一
書。四時注射 Atophanyl 一針，小睡兩小時再起，八時覺
發冷，九時就寢。忽覺頸項又大痛，不可忍，如此反覆變
化，真無辦法，直至一時許入睡。

12月19日　星期一　陰

　　六時五十分醒。頸項作痛處稍覺麻木，但較之昨日上午仍有增無減也。委員長今日仍未行，命人詢余病狀，囑安心靜養，但仍有關於文字要點之補充件交來，其注意深矣。實之弟來談，半小時去。誦盤、濟民仍來診，上午注射Prontosil，下午注射Atophanyl，所患雖未增劇，亦未見輕減，殊為煩悶。午後滄波來談，一小時餘，備述半年來辦報之艱苦。三時吟苡兄由碚來渝相訪，別一年餘矣，相見懽然。夜十一時寢。

12月20日　星期二　陰

　　七時卅分起。頸項之恙仍如昨，且前、昨兩夜均有微熱。九時誦盤再來診，又注射Atophanyl一針而去，並力勸余醫治齒患，拔除病牙，然余不能從其言也。治齒牙必須有較長時間，且須心思寧靜，近時職務冗繁，何暇及此。午餐後以車迓苓西兄來寓。旋君誨先生來訪，懽談至傍晚始去。苓西來川已將半年，境遇雖不佳，而意氣猶昔，是修養有得者也。君誨平易和悅，與之坐對，令人心境為開。五時濟民來，為注射Yatrin Casein一針。晚餐食粥二小碗，餐畢稍息，即就寢。

12月21日　星期三　陰

　　晨八時五十分起。誦盤再來診，仍注射Atophanyl，謂余所患已經減，三、四日內當可復原矣。芷町來，接洽

公事。接楚傖函，知汪先生以事去成都、昆明，事前未曾說及，殊覺突兀。汪先生愛國心切，疑其有所感觸而去。午後國防會議，頗思出席，以病畏風，遂中止。何生定高來問疾，談一小時去。二時滄波、溯中兩兄來，溯中談青年團事，滄波與余談宣傳事。四時佩箴先生來訪，謂外間極重視汪先生之行止，夜聞佛兄有赴港之說，馳電勸其速歸。十一時寢。

12 月 22 日　星期四　陰雨

八時起。九時楚傖來訪，謂汪先生已抵河內，其重慶寓邸已準備結束矣。此行事前一未告人，而決絕如此，真不可解。談次相歎息不置。十時濟民來診，再注射 Atophanyl 一針。先後已注射50c.c，今後擬停止，頸項屈伸轉動已較靈活，但餘痛未除耳。十時卅分訪客去後整理談話紀錄，作為撰擬之根據。午餐後繼續為之。三時君強來訪，知佛海、希聖均擬辭去藝文研究會事，此又一不解之事也。三時卅分趙棣華來訪，談第三戰區情形及蘇省財政。核辦文電五件，與慕尹及岳軍通話，知汪先生離渝，果與國策意見有關。傍晚邵毓麟君來，託其代為搜集對日研究之資料。立夫來問疾，以余方注射，未登樓晤談即去。夜繼續整理稿件。至十一時寢。

12月23日　星期五　晴

八時卅分起。誦盤早起來診，余尚未起床也。曾盧白來訪，芷町代見之。九時處理文件。張秘書劍鋒來請示工作，覺此人言行漸歸純謹矣。十時卅分楚傖來談，余適接機要室抄示，龍志舟馬日來電，報告汪先生自滇動身時臨行所言即以示之，並商定對外宜發一新聞。旋雪艇、浩徐來談，浩徐告我，與仲鳴通信之地址，並謂到港云云特有此傳說而已，至今未能證實。雪艇談參政會事，約卅分鐘而去。十一時滄波來談。客去後余整理黨的建設，校閱小標題，交學素付印。並檢理精神總動員參考件，寄立夫。各事整理畢，乃決與吟兒及允默至北碚一視家庭。二時五分自渝市出發，經老鷹岩、青木關，三時五十五分到北碚場。先與允默過芷町寓，謁其太夫人略談。即至公園路，旦文姨氏及明兒、福芷出迎，余巡視舍內外一週，覺甚明潔，位置適宜，左對嘉陵江，開窗眺望，風景如畫，可以怡情悅性。旋憐兒、樂兒先後自學歸，歡躍迎迓，時已日暮，誦陶詩「童僕歡迎稚子候門」之句，真有行旅歸來之感矣。訪盧子英區長及黃紫裳科長，未晤。晚餐姨氏特治家肴相餉，食而甘之。若非事務待理，文件待撰，則至少亦願作三日留也。夜十一時卅分寢。

12月24日　星期六　晴

七時卅分起。戎馬倥傯中，居然得過家庭生活，坐對溪山，略舒嘯傲，心魂亦覺怡適矣。兒女輩張羅食物極

忙碌，樂兒為我買得煨山薯充早餐，餐畢。整理剪存情報
各件，類集備用。十時偕默攜、樂出游金佛路，視初到碚
時之寓處。又偕吟兄等游公園，參觀博物、文化各部，布
置頗得當。十二時歸，午餐。以兒輩堅留，再住一天，不
忍拂其意，遂改期明日返渝。二時小睡醒，芷町自渝攜其
婦及二子來訪，謂委員長今日二時歸渝矣。余遲行一日，
不知能無誤工作否，思之甚不安也。晚餐食芋頭燒鴨及滷
肉，甚甘美。夜課兒讀書，十一時寢。

12 月 25 日　星期日　陰雨

六時五十分起。草草盥洗畢，食雞子二枚，即與吟
兄等告別，偕允默乘車返渝。兒女等送至門首。車行較
緩，在車中閱中國存亡問題一書，九時五分達渝市，批閱
函電數件，即赴官邸謁委員長。承命紀錄講詞要點，送楚
傖先生撰擬之。李唯果秘書來談西安會議之詳情，約一小
時畢。一時返寓午餐，餐畢辦發函電五件，核辦文件七
件。四時應新運會同人之約赴官邸茶會，由蔣夫人主席，
委員長及侍從室組長、秘書均參加。六時散，八時到官邸
聚餐。到常委、各院長、各部長約二十餘人，餐畢與岳
軍、力子、雪艇等談話，並與委員長商明日講演詞。十二
時卅分歸寢。

12 月 26 日　星期一　陰晴

七時卅分起。到官邸謁談後即赴中央宣傳部出席紀

念週。總裁親臨訓話，對近衛廿二日聲明闡述甚詳。指示抗戰到底，絕不妥協屈服，乃可免於危亡之至理，並報告汪先生離渝養病之真相，歷一小時卅分始畢。十時廿分再往官邸，承命擬發講詞概要之消息，歸寓草擬。十一時廿分有警報，二時始解除，聞敵機炸合川，不知五兒安否。午餐後疲甚小睡，至四時起。辦發本日文電十五件。五時到官邸，交下核定新聞稿，即發出之。夜再謁委員長，立、驌、岳三人同往，談至十時歸。十二時寢。

12月27日　星期二　陰

八時起。委員長約往談，命擬發要電數則，退至辦公室分別辦發之（一、致龍志舟，二、致張季鸞，三、致朱驌先為宣傳部事）。唯果來談昨日見客談話之概略，旋貴嚴來訪，知彼甫於昨日自西安歸來也。時已十一時，乃收拾筆硯為委員長起草講詞稿。午前寫成一小段，午餐後賡續撰擬，客來均不及接見，至五時寫成四千餘字，暫輟小憩。芷町攜本日文電來，即為處理核辦。夜八時卅分委員長命往談，續有補充之點交下，歸寓急足成之，十時卅分畢。第三、四補充要點又至不及補入。十一就寢。

12月28日　星期三　晴

七時卅分起。接閱昨日清繕之文稿，九時送呈核閱。楚傖來談國防會議及參政會事。誦盤再來診疾。十一時廿分奉約到官邸，商文稿。午餐畢，與世和、自誠談。

一時卅分委員長核定講稿交下，二時同至市商會祭蔣百里
先生，三時歸寓，奉諭就原稿再修改兩段，約曾虛白君來
商發表兩文稿事。佩箴及枕公來均未及與談，六時始將文
稿整理完畢，送中央社發表。核辦文電十二件，夜約君
強來，詳詢藝文研究會概況，談至十一時始去。十二時
就寢。

12 月 29 日　星期四　晴

晨八時卅分起。九時到曾家岩參加侍從室會報，到
世和、平遠、希曾、芷町、唯果五人。決議關於汽車使
用，出行規則，住室分配及年終考績等問題。散會後到一
○一號視察並分配第二處辦公室及住室，一時歸寓午餐，
改定電稿二件，並與芷町研究藝文結束辦法。小睡三時卅
分起。四時卅分到辦公室，代委員長接見饒神甫及許寶騤
君，仍歸寓辦發電報二件。枕公、道藩來談。七時到官邸
會餐，到果、驥、修諸人，商訓練問題。九時歸，曹樹銘
及果夫來談。十二時寢。

12 月 30 日　星期五　陰

七時卅分起。整理談話錄等件，以備起草全會宣言
之用。七弟來，攜亡韓史料見示。十一時劉炳藜君來談宣
傳部事甚久。佛兄不歸，宣部皇皇無主洵為可憂。十二時
卅分到宣部，訪楚傖，並約溯中、百閔、滄波諸兄商藝文
研究會事。二時卅分歸寓，旋往南京飯店訪李幼椿未晤，

遇陸鈫百，至其室略談。旋訪博生未晤，順道至教部，與
道藩談川大事。六時歸，王冠青君來談。晚餐後倦極思
睡，唯果來談戰局與外交，並報告見客概略。十二時始
去。遂寢。

12月31日　星期六　陰

　　晨九時卅分起。發私函數件，整理情報畢，即赴康
公館辦公室，核閱訓詞稿，並規定小組會議審查辦法。唯
果、劍鋒均來談。十一時五十分到官邸謁委員長，報告數
事，並條陳藝文研究會善後之意見。十二時舉行參事會
談，參加者十二人，二時完畢。約力子到辦公室談話，旋
改定委員長除夕演詞稿。枕公來訪。四時卅分歸寓。聞汪
先生竟於豔日通電，主張以近衛談話為基礎而進行談判，
嗣雪艇索閱全文，不勝歎惜。六時核辦本日文電二十餘
件。七時到官邸晚餐，會商對汪覆電。岳、楚、騮均參
加。九時回寓，溯中、憲文、孟祁先後來談。客去後起電
草稿，十二時完畢。即就寢。

12月份之回溯

　　本月共卅一天，住桂林七天、重慶二十一天、回北
碚小住二天。參加紀念週三次、出席會議及會報（二次）
共五次、參加公私宴會四次、參加會談及會餐八次，代見
賓客四人、見客七十二人、訪友十八次，擬重要電稿八
件、辦理譯件三次、撰論文演詞及談話決議四件、改定祭

文等應酬文字四件、校閱訓話稿六件，校印書籍一件。工作尚不甚繁，唯到渝以後，酬應接洽較多，然精神大體良好，工作能力亦似較前月增進。如駁斥近衛聲明之措詞，長八千餘言，余以十一小時之力，一氣作成之，略無疲滯之感。惜中間以頸項患傴麻窒斯臥床五、六日，致重要工作延遲不少，為一憾事。此月中生活顯有變遷，一年餘久別之家人得以重聚，亦使余心略得安慰。由於精神愉快，故作事稍見積極，所遺憾者，由湘桂轉渝，本期稍稍安定，可佐理後方根本建設之工作，忽遇汪先生離開之一大不幸事件，精神心力枉作消磨不少。此國家之不幸，又非僅個人之悵惘已也。

民國日記 06

陳布雷從政日記（1938）
The Official Diaries of Chen Pu-lei, 1938

原　　著　陳布雷
總 編 輯　陳新林、呂芳上
執行編輯　林弘毅
封面設計　陳新林
排　　版　溫心忻、盤惠秦

出 版 者　🛡️ **開源書局出版有限公司**
　　　　　香港金鐘夏慤道 18 號海富中心
　　　　　1 座 26 樓 06 室
　　　　　TEL：+852-35860995

　　　　　🌼 **民國歷史文化學社**
　　　　　10646 台北市大安區羅斯福路三段
　　　　　　　　37 號 7 樓之 1
　　　　　TEL：+886-2-2369-6912
　　　　　FAX：+886-2-2369-6990

銷 售 處　**涵流成文化 股份有限公司**
　　　　　10646 台北市大安區羅斯福路三段
　　　　　　　　37 號 7 樓之 1
　　　　　TEL：+886-2-2369-6912
　　　　　FAX：+886-2-2369-6990

初版一刷　2019 年 8 月 25 日
定　　價　新台幣 300 元
　　　　　港　幣 80 元
　　　　　美　元 11 元
I S B N　978-988-8637-13-3
印　　刷　長達印刷有限公司
　　　　　台北市西園路二段 50 巷 4 弄 21 號
　　　　　TEL：+886-2-2304-0488